第3版

Q&A

税務上の
評価損の
実務事例集

成松 洋一 著

一般財団法人 大蔵財務協会

第3版のはしがき

　本書の第2版を刊行してから5年が経過しました。その間、資産の評価について、令和元年の「時価の算定に関する会計基準」の制定に伴い、令和2年度の税制改正により、売買目的有価証券に時価法を適用する場合の期末時価の算定方法や有価証券に評価損を計上する場合の有価証券の区分などの整備が行われました。

　また、子法人から配当を受け、その帳簿価額を減額した、その子法人株式に評価損を計上する場合の帳簿価額の意義が明らかにされています。

　このような税制改正よりも、昨今、実務上の一番の関心事は、新型コロナウイルスの影響により打撃を受けている法人の資産に対する評価損の問題でしょう。法人によって程度の差はあれ、棚卸資産、有価証券、固定資産それぞれに価値が経済的、物理的に毀損し、その対応に苦慮しているものと思われます。新型コロナウイルスの終息が見通せないなか、不確実な要素を前提に処理しなければならない難しさがあります。

　そこで、税制改正に伴う所要の補正を行うとともに、新型コロナウイルス関連の事例を中心に追加し、第3版として刊行することとしました。皆様方のご参考になれば幸いです。

　第3版の刊行に当たりましても、大変お世話になりました大蔵財務協会編集局の方々に厚く御礼を申し上げます。

　　令和2年12月

　　　　　　　　　　　　　　　　　　　　税理士　　成松　　洋一

第2版のはしがき

　資産の評価損をめぐる問題は、その計上事由に該当の有無と期末時価の算定が決定的に重要です。しかし、これらの問題は抽象的であって、一義的、形式的に決定することはできません。いくら法令や通達を読み、参考書などを参照しても、結局は個々の事案に則して、個別的に解決していくほかありません。

　本書は、その評価損を取り上げたものですが、類書が少ないこともあって、いささか読者の方々のお役に立てたのではないか、と自負しております。その読者の皆様方から、いろいろなご質問やご助言、ご指摘などをいただきました。

　そこで、新たに16例を追加し、第2版として刊行することにしました。旧版同様、皆様方のなんらかのご参考になれば幸いです。

　第2版の刊行に当たりましても、大蔵財務協会編集局の方々に大変お世話になりました。厚く御礼を申し上げます。

　　平成27年6月

税理士　成松　洋一

は　し　が　き

　昨今のような経済環境の下、その有する資産が含み損を抱え、損失処理に苦慮している企業は少なくないと思われます。その含み損が少額であればまだしも、多額になってきますと、企業利益や課税所得に与える影響はもとより、企業のディスクロージャーの観点からも、投資家などに誤った情報を提供しかねないという問題もあります。

　そのような資産が抱える含み損の処理について、税務上は、低価法や時価法の適用、評価損の計上などが考えられます。また、その含み損を顕在化させる最も確実な方法は、その資産を譲渡することでしょう。

　ところが、そのような資産が抱える含み損の処理について、企業会計と法人税の考え方や処理方法は、必ずしも一致していません。基本的な方向性は同じですが、細部においては微妙な違いがみられます。

　それにもまして、低価法や時価法の適用、評価損の計上をする場合には、その適用事由に該当の有無や期末時価の算定が決定的に重要です。しかし、これらの点を一義的、形式的に決定することはできません。それぞれの事案に則して、個別的に考えていくほかありません。

　そうはいっても、何らかの基本的な考え方や基準、拠り所が欲しいところです。そこで、本書では、個別の事例に則しながら、いくつかの資産の評価損をめぐる税務事例を取り上げ検討することとしました。その事例の検討を通じて、できるだけ一般化、普遍化できるよう努めたつもりです。本書を参照したからといって、即直面する事例に対処できるかどうか、隔靴掻痒の感があるかもしれませんが、なんらかのご参考になれば幸いです。

最後に本書の刊行に当たり、大蔵財務協会編集局の皆様方には大変お世話になりましたことに対し、厚く御礼申し上げます。

　　平成25年 4 月

　　　　　　　　　　　　　　　税理士　成松　洋一

―――――――凡　　例―――――――

法法―――――法人税法

法令―――――法人税法施行令

法規―――――法人税法施行規則

耐令―――――減価償却資産の耐用年数等に関する省令

法基通―――――法人税基本通達

金商法―――――金融商品取引法

目　　　　次

一　評価損の適用要件等

二　金銭債権の評価損

三　棚卸資産の評価損

四　有価証券の評価損

五　固定資産の評価損

六　繰延資産の評価損

目　次

一　評価損の適用要件等

〜〜〜〜〜〜〜〜〜〜　＜関係法令・通達等＞　〜〜〜〜〜〜〜〜〜〜

1　法人の有する資産の評価換えをしてその帳簿価額を減額しても、原則として、その減額した部分の金額（評価損）の損金算入はできない（法法33①）。

2　評価損の損金算入が認められなかった資産については、その帳簿価額は減額がされなかったものとみなされる（法法33⑥）。

3　法人の有する資産に「物損等の事実」又は「法的整理の事実」が生じた場合には、評価損の損金算入ができるが、その損金算入のためには、損金経理（法人がその確定した決算において費用又は損失として経理すること）をしなければならない（法法33②、2二十五）。

4　法人の有する資産に更生計画認可の決定があった場合には、評価損の損金算入ができるが、その損金算入のためには、帳簿価額を減額しなければならない（法法33③）。

5　法人について再生計画認可の決定等があった場合には、評価損の損金算入ができるが、その損金算入のためには、確定申告書等に「評価損明細」の記載をし、かつ、「評価損関係書類」を添付しなければならない（法法33⑦⑧）。

6　法人が評価損を計上した場合の是否認の判定単位は、次に掲げる資産の区分に応じ、それぞれ次による（法基通9−1−1）。

(1)　土地等―――1筆（一団の土地等にあっては、その一団の土地等）ごと

(2)　建物―――1棟（区分所有建物は、その建物の部分）ごと

(3)　電話加入権（特殊な番号の電話加入権を除く）――電話局の異なるごと

(4) 棚卸資産——種類等の異なるごと、かつ、評価損の計上事実の異なるごと

(5) 有価証券——銘柄ごと

7　評価損否認金のある資産に、評価損の計上事由が生じたため評価損を損金算入する場合には、改めて損金経理をすることなく、その評価損否認金を申告調整により損金算入することができる（法基通9−1−2）。

8　評価損を計上する場合の各資産の時価は、その資産が使用収益されるものとしてその時において譲渡される場合に通常付される価額（処分可能価額）による（法基通9−1−3）。

1 分譲用土地の瑕疵が取得時から生じていた場合の評価損の計上の可否

> **Q** 土地開発会社が開発し保有する分譲用土地のなかに、傾斜地が多いもの、間口が狭いもの、道路に接していないものなど立地条件の悪いものがあり、これらの土地は長年販売努力をしてきましたが、売れ残っています。もし売れるとしても、当初の売出価額の3割程度の値段しかつきません。
>
> このような分譲用土地に対して、評価損の計上が認められるでしょうか。

A ご質問のような事実が、既に分譲用土地を開発し取得した時から生じていたとすれば、その分譲用土地の当期末の現状は取得時のままであり、当期に評価損の計上ができる事実が生じたとはいえませんから、評価損の計上はできないものと考えます。

解　説

(1)　税務上、法人がその有する資産に対して評価損を計上しても、原則としてその評価損の損金算入は認められません（法法33①）。税務上は資産の取得価額は実際の取得価額を付す、取得原価主義を基調としているからです。

　　ただし、法人の有する資産につき「物損等の事実」または「法定整理の事実」が生じた場合には、評価損を計上することができます（法法33②）。これらの事実が生じたことによる評価損は、いわば実現した損失とみられるからです。

4

(2)　この場合の「物損等の事実」は、①棚卸資産、②有価証券、③固定資産および④繰延資産ごとに、その事実が定められています。具体的な資産ごとの評価損の計上事由などは、次項以下で検討していきます。

　　一方、「法定整理の事実」は、更生手続における評定が行われることに準ずる特別の事実をいいます（法令68①）。たとえば、民事再生法による再生手続開始の決定があったことにより、財産の価額の評定が行われることが該当します（法基通9－1－3の3）。

(3)　「物損等の事実」による評価損は、各資産ごとの評価損の計上事由が生じたことにより、その資産の時価が帳簿価額を下回るようにならなければ計上できません（法令68①）。物損等の事実の発生と時価の低下との間に、直接的な因果関係がある必要があります。

　　そして、「物損等の事実」による評価損は、その事実が生じた場合において、法人がその資産の評価換えをして損金経理により帳簿価額を減額したときに、損金算入をすることができます（法法33②）。

(4)　ご質問の場合、傾斜地が多いこと、間口が狭いこと、道路に接していないいわゆる無道路地であることなどが、分譲用土地を開発し取得した後に生じたというのであれば、あるいは評価損の計上の余地があるかもしれません。

　　しかし、このような事実が、既に分譲用土地を開発し取得した時から生じていたとすれば、評価損の計上はできません。その分譲用土地の当期末の現状は取得時のままであり、当期において評価損の計上ができる事実が生じたとはいえないからです。販売努力をしても売れないことや売却価額の値下げをせざるを得ないことは、評価損の計上事由にはなりません。

《参考判例》

○　法33条２項を受けた施行令63条１号ニは同号イからハに準ずる特別の事実とされているところ、上記で判示したところによれば、ここにいう「特別の事情」には、単なる経年劣化に基づく事実や、当該資産の性質上当初から予測される事実、取得後自ら行った加工や造成に基づく事実など、法人自ら負担することが相当であると考えられる事実は、原則として含まれないというべきである。

　　原告が主張する事実のうち、建築基準法43条所定の道路に直接に接しておらず、不整形地であること、袋地で入り口が狭くＡ土地には排水路もないことは、原告がこれらを取得する以前からの状況であるか、または取得後自ら行った加工や造成によるものであるかである。したがって、原告が主張する点はいずれも施行令68条１号ハの「特別の事情」に当たらないというべきである（福岡地判　平成16.6.24　税資254号）。

2 簿外となっている売残商品に対する評価損の計上の可否

> **Q** 流行に左右される婦人服などは、いったん売れ残ると過去の実績、経験からみて、ほとんど売れる可能性はなく、価値がないというのが業界の常識のようになっています。
>
> そこで、このような売れ残りの商品は期末評価額をゼロとして、期末棚卸資産に計上していませんが、このような処理が認められるでしょうか。

A 資産の評価損の損金算入は損金経理が要件ですから、損金経理により帳簿価額を減額せず、期末評価額をゼロとすることにより売上原価として損金算入している場合には、その損金算入は認められません。

解 説

(1) 棚卸資産に対しては、その棚卸資産が著しく陳腐化したことにより、期末時価が帳簿価額を下回る場合には、評価損を計上することができます（法法33②、法令68①一ロ）。この場合の「著しく陳腐化したこと」には、いわゆる季節商品で売れ残ったものについて、今後通常の価額では販売できないことが既往の実績などに照らして明らかであるようなことが該当します（法基通9－1－4）。

　　その限りでは、ご質問のような婦人服については、評価損の計上が認められましょう。

(2) しかし、税務上、ご質問のような事由による評価損の損金算入は、損金経理（確定した決算において費用または損失として経理すること）に

より帳簿価額を減額することが必要です（法法33②）。

　そこで、ご質問の期末評価額をゼロとし期末棚卸資産に計上していないのが、次のような経理処理を行った結果であれば、その時価がゼロと認められる限り、評価損として損金算入ができます。

　棚卸資産評価損　××××　／　棚卸資産　××××

(3)　これに対し、上記(2)のような経理処理を行わず、売上原価の計算上、期末評価額をゼロとして売上原価を大きくし、損金算入しているとすれば、その損金算入は認められません。損金経理により帳簿価額を減額していることにはならないからです。単なる期末棚卸資産の計上もれである、ということになります。

　ただし、期末棚卸資産の評価方法として低価法（原価により評価した価額と時価とのいずれか低い価額を評価額とする方法）を選定している場合には、売上原価として損金算入ができます（法法29①、法令28①）。

　棚卸資産の低価法による評価損の損金算入には、損金経理要件はなく、期末棚卸資産の評価額を低くすれば、自動的に売上原価が大きくなり、損金の額に算入されます。

《参考判例・裁決例》

　（判　例）

　○　棚卸資産の評価減が認められるのは、法人において公表決算上評価減を計上し、所定の経理をした場合に限る（東京地判　昭和43.5.30　税資61号557頁）。

　○　昭和40年法律第34号による法人税法の全文改正により、法人税法上の所得の算定と商法上のそれとを一致させる趣旨から、法人税法上の扱いとしては棚卸資産の評価減は許されないのが原則とされるに至り、仮にそれが

著しい陳腐化等法定の列挙事由を満たすものであったとしても、当該資産につき評価換えをして損金経理によりその帳簿を減額するのでなければ評価減の計上は許されないこととなったものであり、数量除外という方法をとり、当期末までに右のような措置をとることのなかった法人の場合においては（白ペンキを塗るなどしスクラップ商品であることを明示したりしているが、それも本件調査中のことであるにすぎない）、所論のような評価減を認めることはできない（大阪高判　昭和59.9.11　税資143号　2455頁）。

（裁決例）

○　請求人は、帳簿から除外したたな卸資産につき、翌事業年度において仕入価格を下回る価格で販売したこともあるから、販売可能な価額で評価すべきである旨主張する。

　しかしながら、除外したたな卸資産については、法人税法第33条第2項に規定する評価換え及び損金経理による帳簿価額の減額をしておらず、その評価損を損金に算入するための要件を満たしていないから、請求人の主張は採用できない（審判所裁決　平成15.3.11　裁決事例集No.65　376頁）。

3 臨時株主総会で確定した決算を修正し評価損を計上することの可否

Q 定時株主総会の承認を得て決算を確定し、その決算に基づいて法人税の確定申告を行いました。

ところが、確定申告書の提出後、保有する子会社株式について、評価損を計上するのを失念していることに気づきました。しかし、評価損の損金算入は損金経理が要件ですから、臨時株主総会を開いて、先に定時株主総会で承認された決算確定の決議を取消し、新たに評価損を計上した決算の承認を受けようと考えています。

この場合、更正の請求を行えば、評価損の計上が認められ、過大納付法人税の還付を受けることができるでしょうか。

A 税務上、いったん確定した決算の修正や変更は、単なる法人の主観的、内部的な事情による場合には認められないと解されますので、更正の請求を行っても、評価損の損金算入はできないものと考えます。

解 説

(1)　税務上、子会社株式等について、その子会社の資産状態が著しく悪化したため、その時価が著しく低下した場合には、評価損の損金算入をすることができます（法令68①二）。その場合の評価損の損金算入は、損金経理が要件です（法法33②）。

ここで「損金経理」とは、法人がその確定した決算において費用または損失として経理することをいいます（法法２二十五）。その場合の「確定した決算」は、その事業年度の決算につき株主総会の承認、総社

10

員の同意その他の手続による承認があったその決算をいう、とする解釈が一般的です。

　評価損の発生は法人の内部取引であって、その発生の事実も金額も客観的、明示的ではありません。そのため、損金経理の要件は、最高の意思決定機関である株主総会等における承認を求め、発生の事実と金額の客観化を図ろうとするものです。

(2)　そこで、ご質問のように、評価損の損金経理を失念したので、定時株主総会で承認し確定した決算を、その後臨時株主総会で修正ないし変更した場合、損金経理があったことになるのかどうかです。

　この点、税務上、確定した決算の意義を株主総会等の承認にかかわらしめている以上、臨時株主総会での決算の修正や変更は認められるともいえましょう。

　しかし、課税実務上は、いったん確定した決算を修正ないし変更することは基本的に認められない、と解されています。自由自在に確定した決算の修正や変更が認められますと、各種費用の損金算入における損金経理要件の趣旨を没却することになってしまうからです。

(3)　株主総会の決議無効や決議取消しの訴えに基づく決算の変更や行政官庁による決算の訂正命令など特別の事由による決算の変更に限って認められる、というのが実務ではないか、と思われます。

　金融商品取引法上、有価証券報告書およびその添付書類に記載すべき重要な事項の変更等がある場合には、訂正報告書を提出しなければなりません（金商法24の2①、7、企業内容の開示等に関する内閣府令11）。有価証券報告書に虚偽の記載があり、また、記載すべき重要な事項の記載がない場合等には、内閣総理大臣は訂正報告書の提出を命じます（金商法24の2①、10）。

　このような事情があれば、確定決算の修正ないし変更は認められまし
ょう。

⑷　これは、客観的、外部的な要因による決算の修正や変更は認められる
が、単なる法人の主観的、内部的な事情による決算の修正や変更は認め
られないという考え方です（大阪地判　昭和62.9.18　税資159号　638頁、
審判所裁決　昭和59.7.4　裁決事例集No.28　241頁、審判所裁決　平
成元.4.28　裁決事例集No.37　165頁）。

　したがって、ご質問の子会社株式に対する評価損は損金経理がないこ
とになり、更正の請求をしてもその請求は認められないものと考えます。

《参考判例・裁決例》

（判　例）

○　本件退職給与は、損金の額に算入できるにもかかわらず、これをできな
いものと誤信して損金経理をしないまま決算を確定したものであるから、
確定決算の変更が認められるべきであるとの主張について、その事情は原
告会社の法令の誤解によるもので確定申告の記載に客観的に明白かつ重大
な錯誤があったものとはいえないので認められない（大阪地判　昭和
62.9.18　税資159号　638頁）。

（裁決例）

○　請求人は、申告後の臨時株主総会で承認された新計算書類において新た
に損金経理が要件とされる貸倒引当金の繰入損等の損失を計上しているが、
法人税法上当初決算を修正、変更した後の決算を「確定した決算」とみる
かどうかについては、商法の規定による決議の無効若しくは決議の取消し
に基づく決算の変更又は行政官庁の命令等特別な事由に基づく決算の変更

があった場合以外には法人税法上の「確定した決算」は、依然として当初の決算を指すものと解されるところ、本件はこれら特別な事由に基づく決算の変更ではないから、請求人が新計算書類において、これらの損失を計上しても損金経理要件を充足したことにならない（審判所裁決　昭和59.7.4　裁決事例集No.28　241頁）。

○　請求人は、本件事業年度の決算は、定時株主総会ではなく、その後に開催された臨時株主総会において減価償却費及び債権償却特別勘定繰入額を計上した新決算書が承認されたことにより確定し、これに基づき修正申告をしたのであるから、本件償却費等の損金算入を認めるべきであると主張する。

　　しかし、①請求人の代理人である税理士が請求人の依頼に基づき定時株主総会に報告するため本件償却費等の計上のない旧決算書を作成したこと、②請求人は、旧決算書が適法に確定したことを前提とする法人税の確定申告書を法定申告期限内に提出し、かつ、当該申告が有効であることを自認していること、③請求人が提出した臨時株主総会の議事録は、重大な誤りがあり信用できないことなどからすれば、旧決算書が、定時株主総会の承認を受けた決算、すなわち「確定した決算」であると認められ、このような確定した決算を変更することは、確定申告が無効となるような特別の事情がない限り認められないと解すべきであり、請求人には、そのような特別の事情はないのであるから、損金経理されていない本件償却費等は、損金の額に算入することはできない（審判所裁決　平成元.4.28　裁決事例集No.37　165頁）。

4 子会社株式等に投資損失引当金を計上した場合の評価損としての損金算入の可否

> **Q** 企業会計では、市場価格のない子会社株式や関連会社株式について、実質価額が著しく低下したものの、回復可能性の判断が実務的に困難であるような場合には、リスクに備えて投資損失引当金を計上することが認められています。
>
> 税務上、もし子会社株式等について評価損の計上ができるとした場合、この投資損失引当金は、評価損として損金経理をしたものとして取り扱ってよいでしょうか。

> **A** 評価損の損金算入に関して、引当金方式や積立金方式の適用を認める旨の明文の規定がない以上、投資損失引当金の計上をもって、損金経理によりその帳簿価額を減額した、ということはできないものと考えます。

解　説

(1) 会計上、市場価格のない子会社株式や関連会社株式（子会社株式等）について、次のいずれかに該当する場合には、投資損失引当金を計上することができます。ただし、減損処理の対象になる子会社株式等については、投資損失引当金による会計処理は認められません（日本公認会計士協会・平成13.4.17「子会社株式等に対する投資損失引当金に係る監査上の取扱い」）。

① 子会社株式等の実質価額が著しく低下する状況には至っていないものの、実質価額がある程度低下したときに、健全性の観点から、これ

に対応して引当金を計上する場合

②　子会社株式等の実質価額が著しく低下したものの、会社はその回復可能性が見込めると判断して減損処理を行わなかったが、回復可能性の判断はあくまでも将来の予測に基づいて行われるものであり、回復可能性の判断を万全に行うことは実務上困難なときがあることに鑑み、健全性の観点から、このリスクに備えて引当金を計上する場合

　　これらの取扱いは、市場価格がある子会社株式等についても、市場価格がある程度以上下落している場合には、下落期間および実質価額等を考慮して同様に適用されます。

(2)　一方、税務上、子会社株式等について、その子会社等の資産状態が著しく悪化したため、その時価が著しく低下した場合には、評価損の損金算入をすることができます（法令68①二）。その場合の評価損の損金算入は、法人が子会社株式等の評価換えをして損金経理によりその帳簿価額を減額することが必要です（法法33②）。これは、子会社株式等の帳簿価額を直接減額することを前提にしています。

　　これに対し、ご質問のような投資損失引当金は評価性引当金であるから、投資損失引当金の設定は単に評価損を間接表示したにすぎず、実質的には帳簿価額を減額したのと同様に取り扱うべきである、という意見が考えられます。

(3)　税務上、たとえば圧縮記帳や特別償却の適用に当たり、その対象資産の帳簿価額を損金経理により直接減額することが会計上問題であるときは、圧縮積立金（法法42①、法令80、措法64①等）や特別償却準備金（措法52の3）の積立てが認められています。

　　しかし、評価損の損金算入に関して、引当金方式や積立金方式の適用を認める旨の明文の規定はありません。このような規定がない以上、投

資損失引当金の計上をもって、損金経理によりその帳簿価額を減額した、ということはできないものと考えます。

　また、減損処理の対象になる子会社株式等については、投資損失引当金による会計処理は認められないという、投資損失引当金の会計上の性格からみても、評価損を間接表示したとはいえません。

(4)　なお、法人が、国外において資源（石油、可燃性天然ガス、金属鉱物）の探鉱、開発または採取の事業を行う法人（資源開発事業法人、資源探鉱事業法人等）の発行する新株式を取得した場合には、その株式の取得価額の20％ないし50％相当額の海外投資等損失準備金の設定が認められています（措法55）。

　しかし、この海外投資等損失準備金は、資源の探鉱または開発を促進し、本邦における資源の安定的供給に寄与することを目的とする政策的な税制であり、資源開発事業法人等の株式につき評価損を計上するものではありません。

5 評価損否認金のある株式につき改めて評価損を計上する場合の処理方法

Q 保有する上場株式（当初の簿価1,000万円）の時価が40％程度下落する状況が2年間継続し、会計上、評価損400万円を計上しましたが、税務上はその評価損の計上は認められませんので、自己否認しています。

その上場株式について、時価が50％下落し、税務上の評価損を計上しようとする場合、企業会計では今回は評価損の計上はできませんので、自己否認している400万円だけを申告調整により損金算入することでよいでしょうか。

A 会計上の評価損を自己否認している株式について、税務上、評価損を計上することができる事実が生じた場合には、評価損を申告調整により損金算入することができます。

解説

(1) 会計上、上場株式について、時価が取得原価に比べて50％以上下落した場合には、その時価が回復する見込みがあると認められるときを除き、減損処理を実施します。

しかし、時価が50％以上下落した場合だけに限らず、上場株式の時価の下落率がおおむね30％以上50％未満である場合にも、会社が自主的に時価が「著しく下落した」と判断するための合理的な基準を設け、その基準に基づき回復可能性を判断し、減損処理をする必要があります（企業会計審議会・平成11.1.22「金融商品に関する会計基準」20項、日本

17

公認会計士協会・平成12.1.31「金融商品会計に関する実務指針」91項）。

(2)　これに対し、税務上は、上場株式の期末時価が帳簿価額のおおむね50
　　％相当額を下回らなければ評価損の計上は認められません。ご質問の株
　　式の時価の下落率が40％では評価損の計上はできません（法法33②、法
　　令68①二イ、法基通 9 - 1 - 7 ）。

　　　そこで、会計上評価損を計上した時の申告調整は、次のとおりです。

（別表四）

区　　　分			総　　額	留　　保	社外流出
加算	株式評価損の損金不算入額	9	4,000,000	4,000,000	

（別表五 （一））

区　　　分		期首積立金額	当期の減	当期の増	期末積立金額
上場株式	3			4,000,000	4,000,000

(3)　その後、ご質問の上場株式の時価が50％下落し、時価が500万円にな
　　った場合、会計上はその帳簿価額が600万円（1,000万円 - 400万円）に
　　なっていますから、評価損の計上はできません。

　　　一方、税務上は、その上場株式の帳簿価額は1,000万円ですから、評
　　価損500万円の計上ができます。ところが、評価損の損金算入は損金経
　　理が要件であるところ（法法33②）、会計上は評価損の計上ができませ
　　んから、損金経理が不可能です。

　　　そこで、企業会計との調整を図り、評価損否認金のある資産につき評
　　価損の損金算入をする場合には、過年度に評価損の損金経理をしていま
　　すから、改めて損金経理をすることなく、申告調整により評価損の損金
　　算入をすることが認められています（法基通 9 - 1 - 2 ）。

　　　その場合の申告調整は、次のとおりです。

（別表四）

	区　　分		総　　額	留　　保	社外流出
減算	株式評価損の損金算入額	20	4,000,000	4,000,000	

（別表五（一））

区　　分		期首積立金額	当期の減	当期の増	期末積立金額
上場株式	3	4,000,000	4,000,000		—

(4)　ただ、ご質問の場合には、税務上は500万円の評価損を計上すべきところ、400万円しか損金算入しないのは、そもそも株式の時価は600万円で50％の下落はないのではないか、あるいは400万円という中途半端な金額を評価損とするのは、利益調整ではないか、といった議論があるかもしれません。

　　しかし、評価損400万円を損金算入するのは、会計上の経理処理と税務上の損金経理要件との調整上、やむを得ないものです。むしろ、申告調整で500万円の損金算入が認められてしかるべきであるともいえましょう。

6 受贈益がある株式につき評価損を計上する場合の処理方法

Q 保有する子会社株式は、5年ほど前に関係会社から1,000万円で取得したものですが、税務調査によりその時価は1,500万円であり、受贈益500万円の計上もれとして更正を受けました。その受贈益は、まだ申告書別表五（一）に載っています。

ところが、この子会社は債務超過の状態に陥り、株価は300万円程度となっていますので、評価損を計上しようと考えています。

この場合、会計上、700万円の評価損を計上しますが、税務上は1,200万円の評価損の損金算入ができると思われます。その差額500万円は受贈益に相当する金額であり、評価損否認金ではありませんが、申告調整により損金算入をしてよいでしょうか。

A 受贈益に相当する金額は、実質的には評価損を計上したとみる余地があると解されますので、申告調整により損金算入をしてよいものと考えます。

解　説

(1) ご質問の場合、税務調査により受贈益の計上もれとして更正を受けたときは、次のような税務調整を行っているはずです。

子会社株式　500万円　／　受贈益　500万円

（別表四）

区　分			総　額	留　保	社外流出
加算	受贈益の益金算入額	9	5,000,000	5,000,000	

(別表五（一））

区　　分		期首積立金額	当期の減	当期の増	期末積立金額
子会社株式	3			5,000,000	5,000,000

(2)　この子会社株式の時価が300万円となったため、評価損を計上する場合、会計上は、ご質問のとおり、次のような経理処理を行います。

　　株式評価損　700万円　／　子会社株式　700万円

　　これに対し、税務上は次のような処理になります。

　　株式評価損　1,200万円　／　子会社株式　1,200万円

　　この会計上と税務上の評価損の額の差異は、5年前の受贈益500万円の更正に起因する、会計上と税務上の帳簿価額の違いによるものです。

(3)　過去に会計上計上した評価損の否認金がある資産について、税務上、評価損を損金算入しようとする場合、その評価損否認金相当額は、損金経理ができないので、申告調整により損金算入をすることが認められています（法基通9－1－2、Q5参照）。

　　これは、税務上評価損の損金算入をしようとする事業年度に損金経理はありませんが、過年度に損金経理を行っていますから、損金経理の要件は充足している、と取り扱うものです。減価償却資産や繰延資産、資産に係る控除対象外消費税額等の「損金経理額」には、過年度に損金算入されなかった償却費の額（償却超過額）を含む、とする考え方と同様のものといえましょう（法法31④、32⑥、法令139の4⑭）。

(4)　これに対し、ご質問の場合は、過年度の受贈益計上もれであって、評価損の否認金ではありません。過年度にも評価損の損金経理はありません。

　　その限りでは、上記(2)のような会計処理をすると、受贈益の計上もれに起因する評価損500万円は、当期にも損金経理がありませんから、申

21

告調整により損金算入をすることはできない、ということになります。
その損金算入をするためには、いったん子会社株式の帳簿価額を1,500
万円にして、次のような経理処理をすべきでしょう。

子会社株式 500万円 ／ 前期損益修正益 500万円
（繰越利益剰余金）

株式評価損 1,200万円 ／ 子会社株式 1,200万円

(5) しかし、子会社株式につき5年前に時価1,500万円を帳簿価額として
付すべきところ、1,000万円としたのは、実質的には500万円の評価損を
計上したとみる余地があるものと解されます。たとえば、無償または低
額で取得した減価償却資産につき取得価額として経理した金額がその時
価に満たない場合には、その満たない部分の金額は償却費として損金経
理をした金額に含まれます（法基通7-5-1(4)）。

評価損に関しては、この減価償却のような明文の取扱いはありません
が、その趣旨は評価損にも妥当するものといえましょう。したがって、
評価損500万円は、申告調整により損金算入をしてよいものと考えます。
その場合の申告調整は、次のとおりです。

（別表四）

区 分			総 額	留 保	社外流出
減算	評価損の損金算入額	20	5,000,000	5,000,000	

（別表五（一））

区 分		期首積立金額	当期の減	当期の増	期末積立金額
子会社株式	3	5,000,000	5,000,000		－

(6) なお、完全支配関係（法人による完全支配関係に限る）がある法人か
ら受けた受贈益の額は、全額益金の額に算入されません（法法25の2）。
この場合、その受贈益が、資産を無償または低廉で取得したことに伴う

ものであっても、その資産の税務上の取得価額は、実際の購入価額に受贈益の額を加算した金額となります（法令9①一ニ参照）。

　すなわち、受贈益を益金不算入にするためには、申告調整によりその受贈益相当額を所得金額から減算しますが、その処分は「社外流出」として処理し、贈与を受けた資産の取得価額には影響を及ぼしません。

　ご質問の場合、仮にその関係会社が完全支配関係がある法人であり、その受贈益が益金不算入となるときであっても、その子会社株式の税務上の取得価額は1,500万円となります。したがって、その受贈益が益金不算入となる場合であっても、評価損の損金算入に関して、ご質問のような問題が生じることに留意が必要です。

7 適格分社型分割により交付を受けた子会社株式に対する評価損の処理方法

Q 適格分社型分割により交付を受けた子会社株式の帳簿価額が、税務上は1,500万円、会計上は1,100万円のため、その差額400万円は申告書別表五（一）に記載されています。

その子会社株式の時価が500万円になったことから、税務上、評価損1,000万円を損金算入しようとする場合、400万円部分について損金経理ができませんが、どのような処理をしたらよいでしょうか。

A 会計上と税務上の評価損の差額400万円は、申告調整によって損金算入してよいものと考えます。

解　説

(1)　会計上、親会社が子会社に事業分離（ある企業を構成する事業を他の企業に移転すること）を行った場合には、移転した事業に係る移転損益は認識しません。そのため、事業分離の対価として受け取った子会社株式の取得原価については、移転した事業に係る資産と負債の適正な帳簿価額の差額相当額として処理します（企業会計基準委員会・平成17.12.27「事業分離等に関する会計基準」17項、18項）。

つまり、移転した資産と負債の帳簿価額の差額を、受け取った子会社株式の取得価額として付け替えるということです。

(2)　一方、税務上も、適格分社型分割により分割対価として交付を受けた子会社株式の取得価額は、子会社に移転した資産と負債の差額である、簿価純資産価額相当額とします（法令119①七）。

24

　　適格分社型分割は、完全支配関係など資本関係がある法人間で行われ
ますから、分割法人は資産・負債の帳簿価額による移転（譲渡）が認め
られています（法法62の3）。その結果、分割承継法人から交付を受け
る子会社株式の取得価額は、移転した資産・負債の帳簿価額相当額とし、
その分割により課税関係は生じません。

　　これは、会計上の考え方や処理方法と同じであり、その限りでは、会
計上と税務上の子会社株式の取得原価（取得価額）は異なりません。

(3)　ところが、子会社に移転した資産に償却超過額や引当金繰入超過額
（400万円）などがあれば、会計上の記帳金額（1,100万円）と税務上の
取得価額（1,500万円）とが異なることがあり得ます。税務上は、申告
書別表五（一）に記載されている償却超過額や引当金繰入超過額なども、
子会社に移転した資産として、子会社株式の取得価額を算定しなければ
ならないからです（法基通12の2-1-1参照）。

(4)　そこで、ご質問の子会社株式に対して評価損を計上する場合、会計上
は評価損の額が600万円（1,100万円－500万円）で、次のような処理を
行います。

　　株式評価損　600万円　／　子会社株式　600万円

　　これに対し、税務上は評価損の額が1,000万円（1,500万円－500万円）
となりますが、会計上は600万円しか損金経理しませんから、その差額
400万円につき損金経理がないということになります。この400万円を、
申告調整により損金算入できるかどうかが問題です。

(5)　過去の評価損否認金のある資産につき評価損の計上ができる事実が生
じた場合には、改めて評価損の損金経理をすることなく、申告調整によ
り損金算入することが認められています（法基通9-1-2、Q5参照）。

　　また、減価償却資産の償却に関しては、組織再編成により会計上と税

務上の資産の取得価額が異なる場合には、その差額は損金経理により償却したものとみなすという、みなし損金経理額の取扱いがあります（法法31⑤、法令61の4）。

(6)　上記(5)の取扱いの趣旨等からみて、ご質問の会計上と税務上の評価損の差額400万円は、申告調整により損金算入してよいものと考えます。その場合の申告調整は、次のとおりです。

（別表四）

区　　　分		総　　　額	留　　　保	社外流出
減算	株式評価損の損金算入額　20	4,000,000	4,000,000	

（別表五（一））

区　　　分		期首積立金額	当期の減	当期の増	期末積立金額
子会社株式	3	4,000,000	4,000,000		—

8 過年度遡及会計基準により修正再表示した資産に対する評価損の処理方法

Q 保有する土地（当初簿価5,000万円）に対して、会計上、前期に減損損失2,500万円を計上すべきであったことが判明し、過年度遡及会計基準により修正再表示を行い、その帳簿価額を2,500万円（5,000万円－2,500万円）としています。

この土地の時価が震災による地盤沈下などにより500万円となったことから、税務上、評価損を計上する場合、2,500万円の損金経理ができませんが、どのような処理をしたらよいでしょうか。

A 過年度遡及会計基準の適用に伴う修正再表示による資産の減額も損金経理があったと同様に取り扱われ、会計上評価損が計上できない2,500万円は、申告調整により損金算入ができるものと考えます。

解 説

(1) 過年度遡及会計基準によれば、過年度の損益、資産、負債の処理に誤謬が発見された場合には、その累積的影響額について修正再表示（過去の財務諸表における誤謬の訂正を財務諸表に反映すること）を行います。すなわち、その誤謬の訂正による累積的影響額を当期の資産、負債の期首残高に反映させ、期首の繰越利益剰余金の増減として処理します（企業会計基準委員会・平成21.12.4「会計上の変更及び誤謬の訂正に関する会計基準」4項、21項）。

(2) ご質問のように、本来前期に減損損失2,500万円を計上し、その土地の帳簿価額を2,500万円にすべきであった場合には、次のような会計処

理を認識します。

　　繰越利益剰余金　2,500万円　／　土　　地　2,500万円
　　(過去の誤謬の訂正による累積的影響額)

　　これは、当期首の土地の帳簿価額を2,500万円減額し、これを繰越利益剰余金の減額として振り替えるという意味です。

⑶　これに対し、税務上は、市場価額の下落だけでは土地に評価損の計上はできず(法法33②、法令68①三)、仮に評価損の計上事由が生じているとしても、前期には評価損としての損金経理がありません。その結果、土地の減額は認められず、次のような申告調整が必要になります。すなわち、税務上の土地の帳簿価額は、当初簿価の5,000万円のままということです。

(別表四)　処理なし
(別表五(一))

区　　　分		期首積立金額	当期の減	当期の増	期末積立金額
土地 (過年度遡及)	3	25,000,000			25,000,000
繰越損益金 (損は赤)	26	△25,000,000	△25,000,000		

⑷　その後、この土地の時価が500万円となったため、会計上、評価損2,000万円(2,500万円－500万円)を計上する場合の処理は次のとおりです。

　　土地評価損　2,000万円　／　土　　地　2,000万円

　　これに対し、税務上の帳簿価額は5,000万円ですから、評価損は4,500万円(5,000万円－500万円)となり、次のように処理すべきことになります。

　　土地評価損　4,500万円　／　土　　地　4,500万円

(5)　ところが、過年度遡及会計基準の適用による資産の修正再表示は、上記(2)のとおり、従来の「前期損益修正損」での処理と異なり、損益科目での会計処理は行われません。そのため、評価損2,500万円（4,500万円－2,000万円）について、評価損としての損金経理が前期も当期も全くないのではないか、という問題が生じます。

　　この点、資産に係る修正再表示を行っても、「前期損益修正損」による処理と同じように、結果的に資産（土地）の最終金額は同じになりますから、修正再表示も損金経理があったと同様に取り扱ってよいものと考えます（国税庁法人課税課情報・平成23.10.20「法人が『会計上の変更及び誤謬の訂正に関する会計基準』を適用した場合の税務処理について」問6参照）。

(6)　そこで、税務上の評価損の計上に関する申告調整は、次のとおり行い（法基通9－1－2参照）、損金経理がない評価損の額2,500万円は、申告調整により損金算入することができます。

（別表四）

区　　　分			総　　額	留　　保	社外流出
減算	土地評価損の損金算入額	20	25,000,000	25,000,000	

（別表五（一））

区　　　分		期首積立金額	当期の減	当期の増	期末積立金額
土地 （過年度遡及）	3	25,000,000	25,000,000		―
繰越損益金 （損は赤）	26			△25,000,000	

9 更生計画認可の決定による評価損の経理方法と申告調整による損金算入の可否

Q 法人が更生計画認可の決定があったことにより、資産の評価換えをした場合の評価損の損金算入については、帳簿価額の減額要件だけで、損金経理要件はありません。

そうしますと、評価損を損金経理せず、帳簿価額を減額するというのは、どのような経理処理を行うのでしょうか。また、評価損の損金経理が不要であるとすれば、申告調整により損金算入してよいでしょうか。

A 更生計画認可の決定があった場合の評価損については、次のような経理処理が考えられ、このような処理をした場合には、申告調整により損金算入をすることができます。

資産評価差額金　1,000　／　資　　産　1,000
（純資産の部）

解　説

(1)　法人がその有する資産につき更生計画認可の決定があったことにより評価換えをした場合には、その評価換えによる評価損は損金算入することができます（法法33③）。

平成21年度の税制改正により、資産の評価損の取扱いが整備され、評価損の計上事由が「物損等の事実」と「法的整理の事実」に整理されました（法法33②、Ｑ１参照）。

それとともに、①更生計画認可の決定（法法33③）および②再生計画

30

認可の決定（法法33④）があった場合の評価損についても、整備が図られています。

(2)　そのうち、更生計画認可の決定による評価損は、損金算入のための損金経理要件がなくなり、帳簿価額の減額要件のみとされました（法法33③）。

更生会社においては、管財人がすべての資産、負債に対して財産評定、債権調査を行い、その結果を反映した貸借対照表を作成します。その財産評定における評価額は時価とされますので、更生会社になる前に付していた取得価額を基本とする財産の帳簿価額は全面的に評価替えされることになります（日本公認会計士協会・平成17.4.12「継続企業の前提が成立していない会社等における資産及び負債の評価について」）。そして、管財人が評定した財産の価額は、その財産の取得価額とみなされます（会社更生法施行規則1②）。

(3)　このような、裁判所が主導する更生会社における財産評定は、客観性、適正性などが担保されることから、税務上は、その評価損の損金算入につき特に損金経理要件は付されていないものと考えられます。

そこで、評価損を損金経理せず、帳簿価額を減額する方法として、次のような経理処理が考えられます。

資産評価差額金　1,000　／　資　　産　1,000
（純資産の部）

このような経理処理を行う場合には、申告調整により評価損1,000を損金算入することになります。

(4)　ただ、上述しましたとおり、会社更生により管財人が評定した財産の価額は、その財産の取得価額とみなされますので（会社更生法施行規則1②）、評価損は損金経理が当然の前提であるとも考えられます。そのため、強いて損金経理要件は付していないのかもしれません。

10 再生計画認可の決定に伴う評価損の申告調整による損金算入の可否

> **Q** 法人に対して再生計画認可の決定があった場合の、資産の評定による評価損の損金算入については、帳簿価額の減額要件も損金経理要件もないと思われます。
>
> そうしますと、その評価損は申告調整により損金算入をしてよいのでしょうか。

A 再生計画認可の決定による評価損については、帳簿価額の減額要件も損金経理要件もありませんから、申告調整により損金算入をすることができます。

解　説

(1)　法人について再生計画認可の決定があった場合において、その法人が有する資産の価額につき評定を行ったときは、その資産の評価損の額は損金の額に算入することができます（法法33④）。この場合の「評定」とは、再生計画認可の決定があったことにより、再生計画認可の決定があった時の価額による評定をいいます（法令68の２②）。

その評定による評価損の額は、再生計画認可の決定があった時の直前の帳簿価額とその時の時価との差額です（法令68の２④）。

(2)　この再生計画認可の決定があった場合の評価損については、その決定があった日の属する事業年度の損金の額に算入する、と規定されているだけで、損金経理要件は付されていません。また、評定の対象資産の帳簿価額を減額すべきである、との規定もありません（法法33④）。

　　ただし、確定申告書に評価損の損金算入に関する明細（評価損明細、別表十四（一））の記載があり、かつ、再生計画認可の決定の証明書類と時価の算定の根拠書類（評価損関係書類）の添付を要します（法法33⑦、法規22の２）。

⑶　このように、再生計画認可の決定による評価損につき、帳簿価額の減額要件も損金経理要件も付していないのは、次のような理由によるものと考えられます。すなわち、民事再生法による財産の評定は、裁判所に提出するための財産目録と貸借対照表を作成するためのものであり、財産の帳簿価額を強制的に評価換えすることまでは予定されていないからです（日本公認会計士協会「継続企業の前提が成立していない会社等における資産及び負債の評価について」）。

⑷　このような再生計画認可の決定による評価損の損金算入方式を、一般の評価損の損金経理方式（法法33②）に対して、実務では「別表添付方式」などと呼んでいます。

　　したがって、再生計画認可の決定による評価損については、申告調整により損金算入をしてよいものと考えます。この点は、別表添付方式によれば、評価損が損金算入されても、会計上その帳簿価額は減額されませんから、税務上は評価損として損金算入された金額相当額の減額がされたものとする旨の規定（法令68の２⑤）がわざわざ置かれていることからも明らかといえましょう。

　　たとえば、土地につき1,000万円の評価損の損金算入する場合には、次のような申告調整を行います。

（別表四）

区　　分		総　　額	留　　保	社外流出
減算	土地評価損の損金算入額　20	10,000,000	10,000,000	

（別表五（一））

区　　分		期首積立金額	当期の減	当期の増	期末積立金額
土　地	3		10,000,000		△10,000,000

(5)　なお、再生計画認可の決定により評価益と評価損とが生じる場合には、確定申告書への評価損明細の記載と評価損関係書類の添付とともに、評価益明細（別表十四（一））の記載と評価益関係書類の添付をしなければなりません（法法33⑦）。すなわち、評価損だけの損金算入はできず、評価益があればその益金算入をする必要があります（法法25③⑤）。

11 同一種類の資産に対する評価損の計上を選択適用することの可否

> **Q** 税務上、有価証券に対する評価損は、有価証券発行法人の資産状態や時価の回復可能性の判断、時価の算定など適用要件が厳しく、その判断のための資料等の入手が困難な場合が少なくありません。
>
> そのような場合には、時価が著しく下落していると思われる株式であっても、たとえば資料等の入手が容易である株式だけに評価損を計上するようなことができるでしょうか。

A 有価証券は銘柄ごとに評価損計上の可否を判断しますし、また、評価損の損金算入は損金経理が要件ですから、資料等の入手が容易である株式だけに評価損を計上することができますが、その後評価損を計上する際に計上時期が違うのではないか、といった議論の生じるおそれがあります。

解 説

(1)　法人が資産について評価損を計上した場合、その評価損の額につき是否認額を計算する単位は、それぞれ次によります（法基通9-1-1）。

①　土地等———1筆（一団の土地等は一団の土地等）ごと

②　建物———1棟（区分所有建物は区分された建物の部分）ごと

③　電話加入権（特殊な電話番号に係る電話加入権を除く）———電話局の異なるごと

④　棚卸資産———種類等の異なるものごと、かつ、評価損の計上事由

の異なるものごと

⑤　有価証券―――銘柄ごと

　　減損会計においては、場合によっては資産のグルーピングを行って、そのグループを単位として減損損失の認識の可否を判断します（企業会計審議会・平成14.8.9「固定資産の減損に係る会計基準」四2(6)）。しかし、税務上は上記の資産は、個々に評価損計上の可否を判断します。

(2)　また、資産の評価損を損金算入するためには、損金経理（確定した決算において費用または損失として経理すること）が必要です（法法33②）。法人が、ある資産が評価損の計上要件を満たしているとしても、評価損を計上したくないと思えば、損金経理をしなければよいわけです。税務署長が評価損の計上を強制することはしません。

　　したがって、理論的には、銘柄が異なる限り、ご質問のように、資料等の入手が容易である株式だけに評価損を計上することができます。

(3)　ご質問のように、評価損計上の可否を判断するための資料等が入手できなければ、その判断ができません。そのため、資料等の入手ができない株式については、評価損の計上を諦めるというのは、やむを得ないといえましょう。

　　ただ、その後資料等の入手が可能になったので、その入手可能な事業年度で評価損を計上しようとしますと、本来は過年度で評価損を計上すべきであったのではないか、といった議論が生じるおそれがありますから、注意を要します（Q45参照）。

　　また、評価損の計上対象資産が複数ある場合、利益調整のために適宜評価損を計上するようなことは避けるべきです。

12 投資事業有限責任組合の組合員が組合財産株式に評価損を計上することの可否

Q 当社が出資している投資事業有限責任組合が有する、組合員の出資金により取得した株式の時価が著しく下落しています。

　この場合、投資事業有限責任組合に生じる損益は構成員課税ですから、その組合員は自己がその株式を有するものとして評価損の損金算入をしてよいでしょうか。

A 組合事業から生じる利益金額または損失金額の各組合員への帰属額の計算につき、貸借項目を各組合員に帰属するものとする方法による場合には、評価損の計上が認められますが、損益項目だけを各組合員に帰属するものとする方法による場合には、評価損の計上はできません。

解　説

(1)　投資事業有限責任組合は、組合員が共同で投資事業を行うための契約関係ですから、法人格はなく、また、人格のない社団等（法法2八）にも該当しません。そのため、投資事業有限責任組合自体は法人税の納税義務者になりません。

　そこで、投資事業有限責任組合に生ずる利益金額または損失金額については、分配割合（出資割合等）に応じて、各組合員に直接帰属します（法基通14−1−1）。各組合員が自己の固有の事業などから生じる利益金額または損失金額に合算して、法人税（または所得税）を納付します。これを「構成員課税」ないし「パス・スルー課税」といいます。

(2)　この構成員課税に当たって、組合に生ずる利益金額または損失金額の

37

各組合員に帰属する金額の計算方法には、①総額方式、②中間方式および③純額方式とがあります。

「総額方式」は、その組合事業の損益項目（収入金額、原価の額、費用の額）と貸借項目（資産、負債等）とを、分配割合に応じて各組合員にそれぞれ帰属するものとして計算する方法です（法基通14－1－2(1)）。

この方法による場合には、組合が保有する株式は各組合員が分配割合に応じて保有するものとされますから、各組合員は評価損を計上することができます。税務上は、この「総額方式」が原則です。

(3)　次に「中間方式」は、その組合事業の損益項目だけを、分配割合に応じて各組合員にそれぞれ帰属するものとして計算する方法です（法基通14－1－2(2)）。この方法による場合には、損益項目を各組合員に帰属するものとしますから、組合事業の取引のうち受取配当等の益金不算入や所得税額控除の適用をすることはできます。しかし、貸借項目は各組合員に帰属するものとして計算しませんから、売掛金や貸付金などの貸借項目が基準になる引当金の繰入れや準備金の積立てなどはできません。

この方法による場合には、組合の有する株式について、各組合員がその株式を保有しているとは観念しません。したがって、その株式の時価が著しく下落した場合であっても、組合員において評価損を計上することは認められません。

(4)　以上のような方式に対して、「純額方式」は、その組合事業について計算される利益の額または損失の額だけを、分配割合に応じて各組合員にそれぞれ帰属するものとして計算する方法です（法基通14－1－2(3)）。

この方法は、損益項目や貸借項目ではなく、単に組合事業の最終的な利益または損失だけを各組合員に帰属するものとします。したがって、組合が保有する株式を各組合員が保有しているものとは観念できません

38

から、組合員は評価損を計上することはできません。

　企業会計は、組合事業への出資はこの純額方式を原則としています（金融商品会計実務指針132項、308項）。組合財産である株式に対して評価損を検討する場合には、留意を要します。

《参考裁決例》

〇　請求人は、投資事業有限責任組合は構成員課税となっており、当該組合が有する資産、負債等については出資割合に応じて各組合員に直接帰属することになるから、その帰属損益額の計算を純額方式により計算している場合であっても、当該組合が有する株式のうち組合員である請求人の出資割合に応じた部分については請求人が直接有しているとして評価損を計上することができる旨主張する。

　しかしながら、組合員である法人が純額方式により組合事業に係る帰属損益額の計算をしている場合には、組合員が組合事業における配当金に係る収入や引当金に係る対象資産等を帳簿等で個別に計上しない等、組合事業における収入、原価、費用等及び資産、負債等の具体的な内容について、組合員が個別に認識することなく、その損益の計算結果だけを当該組合事業から受ける損益として認識しているものと考えられるところ、法人税法第33条第2項は、金銭債権を除く資産につき災害による著しい損傷その他の政令で定める事実が生じたことにより、当該資産の価額がその帳簿価額を下回ることとなった場合に、損金経理により資産の帳簿価額を減額することを要件として評価損を認めているから、資産等を自らの帳簿等で個別に計上することのない純額方式においては、組合事業における資産の評価損は組合員の損金の額に算入できないと解するのが相当である。そして、請求人は、純額方式により組合事業に係る損益を計算しているから、本件

評価損を損金の額に算入することは認められない（審判所裁決　平成
22.2.17　裁決事例集No.79　420頁）。

13 評価損を計上した減価償却資産の評価換え後の取得価額と帳簿価額

Q 減価償却資産につき評価益を計上した場合には、その後のその減価償却資産の取得価額は評価益を加算した後の金額とされています。

そうしますと、反対に評価損を計上した場合には、評価損を減額した後の金額が取得価額となるのでしょうか。

A 減価償却資産につき評価損を計上した場合、旧定額法・定額法で償却をするときの取得価額は、評価損の額を減額せず当初の取得価額のままで差し支えありませんが、旧定率法・定率法で償却をするときの帳簿価額は、評価損の額を減額した後の帳簿価額としなければなりません。

解 説

(1) 法人に更生計画認可の決定、再生計画認可の決定などがあった場合には、その保有する減価償却資産につき評価換え等を行うことができます。その評価換え等による評価益または評価損は、益金の額または損金の額に算入されます（法法25②、33②③、25③、33④）。

その更生計画認可の決定、再生計画認可の決定などにより、減価償却資産につき評価換え等を行い、その帳簿価額が増額された場合には、その評価換え等が行われた事業年度後の各事業年度においては、その増額された金額を当初の取得価額に加算した金額をもって取得価額とみなされます（法令54⑥、48⑤三）。

(2) これは、帳簿価額が増額された減価償却資産については、その帳簿価

額が当初の取得価額を超えることが想定されること、自己創設の営業権のように新たに計上された減価償却資産には当初の取得価額がないことなどから、償却限度額の計算の基礎となる取得価額は、増額された金額を当初の取得価額に加算した金額とする趣旨であると考えられます（武田昌輔・後藤喜一編著『会社税務釈義』第一法規)。

(3)　これに対し、減価償却資産につき評価損を計上し、帳簿価額が減額された場合には、その減額された金額を当初の取得価額から減額するような取扱いはありません。

　　これは、法人が旧定額法・定額法で償却をしている場合、あくまでも当初の取得価額およびその当初の取得価額に基づく残存価額を基礎に償却を続けてよいということです。

　　評価損を計上したからといって、それはいわば臨時の償却費を計上したのと同じであって、もともとの取得価額に影響を及ぼすものではなく、当初の取得価額に基づく償却を保証する、という趣旨によるものでしょう。

(4)　したがって、帳簿価額が減額された減価償却資産について、旧定額法・定額法で償却をする場合には、その取得価額は当初の取得価額のままとなります。

　　一方、旧定率法・定率法で償却する場合には、その償却計算の基礎となる帳簿価額は、減額された金額を控除した後の金額としなければなりません（法令48②、48の2②)。評価損の額は、既に償却費として損金の額に算入された金額とみるということです。

(5)　なお、1単位当たりの帳簿価額の算出方法につき移動平均法を適用する有価証券に評価換えをした場合には、その評価換え直後の1単位当たりの帳簿価額は、評価換え直前の帳簿価額に評価益の額を加算し、また

は評価損の額を控除した帳簿価額を基礎に計算します（法令119の3①②）。

　また、総平均法を適用する有価証券に評価換えをした場合には、その事業年度開始の時から評価換えの直前の時までの期間およびその評価換えの時からその事業年度終了の時までの期間を、それぞれ一事業年度とみなして、1単位当たりの帳簿価額を算出します。評価損益の額をその有価証券の帳簿価額に加減するのは、移動平均法と同じです（法令119の4）。

14 外貨建未払金に為替差益が生じた場合の取得価額の減額の可否

> **Q** 外国から機械装置を外貨建（10万ドル、1ドル80円）で取得しましたので、その取得日の為替相場で円換算した金額（800万円）を、その機械装置の取得価額と未払金に付しています。
>
> ところが、期末に至り円高傾向のため、その外貨建未払金を期末時の為替相場（1ドル75円）で円換算しますと、為替差益（50万円）が生じますが、この為替差益相当額は、機械装置の取得価額から減額してよいでしょうか。

> **A** 為替差益50万円は益金算入する必要があり、為替差益相当額50万円を機械装置の取得価額（800万円）から減額することはできません。

解　説

(1)　法人が外貨建で資産の購入をした場合には、その外貨建取引の円換算額は、取引を行った時における外国為替相場により換算した金額とします（法法61の8①）。この場合の外国為替相場は、電信売相場と電信買相場の「仲値」によるのが原則です（法基通13の2−1−2）。

　　ご質問の場合には、次のような会計処理を行ったということです。

　　機械装置　800万円　／　未払金　800万円

(2)　一方、法人が期末に有する外貨建債務（または外貨建債権）は、発生時換算法（取得・発生時の為替相場で換算する方法）または期末時換算法（期末時の為替相場で換算する方法）により円換算を行います（法法61の9）。この場合、いずれの換算方法を選定するか、法人が税務署長

に届出をしなければなりません（法令122の4、122の5）。その届出を
しなかった場合には、短期外貨建債務（または短期外貨建債権）は期末
時換算法、長期外貨建債務（または長期外貨建債権）は発生時換算法に
よります（法令122の7）。

(3)　そこで、期末時換算法を選定している場合には、期末時の為替相場で
換算換えを行いますから、取得時と期末時の為替相場に変動があれば、
為替差損益が生じます。ご質問のように、円高傾向にあれば、外貨建債
務（未払金）にあっては為替差益が生じます。

　　この為替差益は、課税所得の計算上、益金の額に算入しなければなり
ません（法法61の9②）。会計上は、外貨建債務については、短期のも
のか長期のものかを問わず、決算日レート法により期末時の為替相場で
換算しますから、次のような会計処理を行います（企業会計審議会・昭
和54.6.26「外貨建取引等会計処理基準」一2⑴②）。

　　未払金　50万円　／　為替差益　50万円

(4)　この場合、機械装置の取得代金として、円貨では750万円（800万円－
50万円）支払えばよいといえます。そのため、為替差益相当額の50万円
は収益に計上せず、機械装置の取得価額から減額してよいのではないか、
という疑問がわいてきます。

　　しかし、あくまでも機械装置の取得価額は、その取得日の為替相場に
より円換算した金額で確定しています。その後の為替変動による為替差
損益は、その取得価額となんら関係ありません。すなわち、機械装置の
取得と未払金の換算換えとは別々の取引である、と観念するということ
です。

　　したがって、ご質問の場合、為替差益相当額の50万円を機械装置の取
得価額から減額することはできません（法基通13の2－1－9）。逆に、

為替差損が生じる場合にあっては、資産の取得価額を増額する必要はあ
りません。その為替差損は、損金算入することができます。

(5)　なお、海外に所有する資産であっても、所要の評価損の計上事由を満
たせば、評価損を計上することができます。ただし、単なる為替相場の
変動を理由とする評価損の計上は認められません。

15 評価損否認金のある資産を譲渡した場合の評価損否認金の処理

Q 税務上の評価損否認金2,000万円がある土地（会計上の簿価3,000万円）を4,000万円で譲渡した場合、会計上の譲渡益は1,000万円になります。

しかし、税務上の帳簿価額は5,000万円ですから、逆に1,000万円の譲渡損が生じると思われますが、会計上の処理との調整はどうしたらよいでしょうか。

A 会計上は譲渡益1,000万円となりますが、税務上は譲渡損1,000万円が生じますから、申告調整により、評価損否認金2,000万円を損金算入します。

解 説

(1) ご質問のとおり、会計上の土地譲渡益は1,000万円（4,000万円－3,000万円）となりますから、次のような経理処理を行います。

現金預金　　4,000万円　／　土　　　　地　3,000万円
　　　　　　　　　　　　　　土地譲渡益　1,000万円

(2) これに対して、税務上は評価損否認金2,000万円の土地の減額はなかったことになりますから（法法33⑥）、その帳簿価額は5,000万円（3,000万円＋2,000万円）です。逆に土地譲渡損1,000万円（4,000万円－5,000万円）が生じますから、税務上の経理処理は、次のようになります。

現金預金　　4,000万円　／　土　　　　地　5,000万円
土地譲渡損　1,000万円

　そこで、会計上と税務上の土地譲渡損益を調整するため、次のような申告調整を行います。これは、税務上は譲渡原価（帳簿価額）を5,000万円とすべきところ、会計上の処理では評価損否認金2,000万円部分が譲渡原価となっていませんから、これを所得金額から減算するということです。

（別表四）

区　　　　分			総　　額	留　　保	社外流出
減算	評価損否認金の損金算入額	20	20,000,000	20,000,000	

（別表五（一））

区　　　分		期首積立金額	当期の減	当期の増	期末積立金額
土　地	3	20,000,000	20,000,000		―

⑶　なお、圧縮記帳による圧縮積立金を有している法人が、その圧縮記帳の対象とした資産を譲渡し、圧縮積立金の全部または一部を取り崩した場合には、その取り崩した圧縮積立金の額は益金の額に算入されます（法基通4－1－1⑵)。

　その益金算入に当たって、資産に評価損否認金があるときは、その評価損否認金の額のうち益金算入した圧縮積立金の額に達するまでの金額は、損金算入をすることができます（法基通10－1－3）。圧縮積立金の取崩しは、過去の評価損否認金の戻入れであると認識するということです。

16 評価損を計上した資産の時価がその後回復した場合の取戻しの要否

Q 前々期において、保有する株式の時価が著しく下落したため、評価損を計上し損金算入しましたが、当期においてその株式の時価が急速に回復し、その時価が前々期の評価損を計上したときの帳簿価額（取得価額）を超える状況になりました。

このような場合、前々期に損金算入した評価損は益金に戻し入れるなど、何か手続をする必要があるでしょうか。

A 評価損を計上した後の事業年度においてその資産につき時価の回復があったとしても、過年度に損金算入をした評価損を取り戻して、益金算入する必要はありません。

解 説

(1) 税務上、資産に対する評価損の計上の可否は、各事業年度末の現況により判断します。たとえば、有価証券にあっては、「近い将来時価の回復が見込まれないこと」が評価損計上のための一つのポイントです。その回復可能性の判断は、当該事業年度終了の時に行うことが明らかにされています（法基通9－1－7（注）2）。

これは、翌事業年度以後において生じた事象などにより時価が回復したとしても、当該事業年度の評価損の計上には、なんら影響を及ぼさないということです。

(2) このように、各事業年度末の現況により、評価損計上の可否を合理的に判断し、その評価損の損金算入が認められる限り、その後の事業年度

において時価の回復があったとしても、損金算入した評価損を取り戻して、益金に算入するような必要はありません（国税庁・法人税質疑応答事例「評価損を計上した上場株式の時価が翌期に回復した場合の遡及是正について」）。その他に、何か手続を要するような特別の規定や取扱いもありません。

　もし、時価が回復したとすれば、たとえばその株式を譲渡するときに、譲渡原価が小さくなって譲渡益が大きくなり、評価損は取り戻されることになります。

　もちろん、各事業年度において、そもそも評価損の計上ができるような状況ではないにもかかわらず評価損を計上したとすれば、その評価損の計上は自己否認すべきです。しかし、それは時価の回復があったので、評価損を取り戻すべきかどうかという問題とは全く次元の異なる問題です。

(3)　なお、棚卸資産の期末評価方法として低価法（原価と時価とのいずれか低い価額で評価する方法）があります（法令28①二）。この低価法を採用すれば、棚卸資産に対する評価損が損金算入されることになります。

　ところが、税務上の低価法については、いわゆる切放し低価法（前期に計上した簿価切下げ額を当期に戻し入れない方法）は認められず、洗替え低価法を適用しなければなりません。洗替え低価法は、期末で帳簿価額を切り下げても、翌期首には簿価切下げ前の帳簿価額に戻さなければなりませんから、評価損が取り戻されることになります。

　低価法の適用ではない、所定の事由が生じた場合の評価損は、いわば切放し方式というべきものです。

17 中間申告における評価損の計上の可否と確定申告時の処理

Q　当期は前期に比べて業績が好調であり、納付すべき法人税額も多くなると見込まれますので、法人税の中間申告は仮決算による中間申告をしようと考えていますが、その中間申告において、時価が大幅に下落している上場株式に対して評価損を計上することができるでしょうか。

もし、評価損の計上ができるとした場合、その評価損の損金経理と確定申告での処理はどのようにしたらよいでしょうか。

A　中間事業年度においても、中間事業年度の決算書と帳簿に評価損を計上することにより、評価損を損金算入することができますが、確定申告に当たっては、確定事業年度末の現況により、評価損の計上の可否を判断し、その結果に応じて所要の処理を行います。

解　説

(1)　法人税にあっては、法人の事業年度が6月を超える場合には、その事業年度開始の日以後6月を経過した日から2月以内に中間申告・納付をしなければなりません（法法71、76）。その場合の中間申告については、①予定申告と②仮決算による中間申告との二つがあります。　そのうち予定申告は、形式的に前期の納付法人税額の2分の1相当額を申告・納付するものですから（法法71）、そもそも評価損計上の可否は問題になりません。

(2)　一方、仮決算による中間申告は、その事業年度開始の日以後6月間を

一事業年度とみなして、その期間（中間事業年度）の所得金額（または欠損金額）を計算し、その所得金額に対する法人税額を納付するものです（法法72）。中間事業年度も確定事業年度と全く同様に所得金額を計算しますから、中間事業年度において保有する資産に評価損の計上ができる事実が生じていれば、評価損を計上することができます。

　ご質問の上場株式について、①中間事業年度末における時価が帳簿価額のおおむね50％相当額を下回り、かつ、②近い将来時価の回復が見込まれなければ、評価損の計上が認められます（法令68①二イ、法基通9－1－7）。中間事業年度末の現況により、これら二つの要件を満たしているかどうかを判定するということです。

(3)　その判定の結果、評価損の計上ができるとした場合、次に評価損の損金算入のための損金経理要件（法法33②）をどう充足するか、という問題が生じます。「損金経理」とは、確定した決算において費用または損失として経理することをいい（法法2二十五）、その「確定した決算」とは、一般に株主総会や社員総会などの承認を得た決算をいうと解されています（Q3）。ところが、中間事業年度においては決算承認のための株主総会や社員総会などは開かれませんから、損金経理ができません。

　この点、中間事業年度の所得金額の計算については、「確定した決算」とあるのは単に「決算」とします（法法72③）。そこで、中間事業年度に係る決算における損金経理とは、株主等に報告する中間事業年度の決算書（これに類する計算書類を含む）とその作成の基礎となった帳簿に費用または損失として記載することをいいます（法基通1－7－1）。

　わざわざ株主総会や社員総会などを開催する必要はなく、中間事業年度の決算書と帳簿に評価損の額を計上すれば足ります。

(4)　仮決算による中間申告といえども、中間申告はあくまでも中間申告・

納付をするための仮のものにすぎず、確定申告に吸収されてしまいます。すなわち、確定申告に当たっては、中間事業年度の処理にかかわらず、その確定事業年度末の現況により課税関係を処理しなければなりません。

　そこで、確定申告に当たっては、①期末時価が帳簿価額のおおむね50％相当額を下回り、かつ、②近い将来時価の回復が見込まれないかどうかを判定し直します。その結果、評価損の計上ができ、確定事業年度末の時価が中間事業年度末と同額であるとすれば、中間事業年度の処理をそのまま残しておけばよいことになります。

　これに対し、確定事業年度末の現況によれば評価損の計上ができないとすれば、中間事業年度での評価損は取消しの処理をする必要があります。また、評価損の計上はできるが、評価損の額が違うとすれば、評価損の額の修正を行います。

18 連結納税の開始に伴う資産の時価評価の対象法人と対象資産の範囲

> **Q** 連結納税を開始する場合には、資産を時価評価しなければならないとのことですが、連結親法人も連結子法人もすべて時価評価をする必要があるのでしょうか。
>
> その時価評価に当たっては、少額な資産や棚卸資産などであっても、すべて対象になるのでしょうか。

A 連結納税の開始時または加入時の時価評価は連結子法人のみが行いますが、時価1,000万円未満の資産や土地以外の棚卸資産については、時価評価をする必要はありません。

解　説

(1)　法人は、国税庁長官の承認を受けて、完全支配関係がある親法人と子法人の所得金額を合算して課税する連結納税制度を採用することができます（法法4の2、4の3）。

　　その連結納税制度の開始に当たって、連結子法人は、時価評価資産の評価益または評価損を連結開始直前事業年度の益金の額または損金の額に算入しなければなりません（法法61の11）。また、連結納税制度に新たに加入する場合も、連結子法人は、時価評価資産の評価益または評価損を連結加入直前事業年度の益金の額または損金の額に算入します（法法61の12）。

(2)　このように、連結納税の開始時または加入時に資産の時価評価をすべきこととされているのは、次のような趣旨によります。法人税は個別法

人ごとに課税所得を計算し、申告・納付するのが原則です。それに対し、連結納税は親法人、子法人が一体として納税を行いますから、連結納税の開始または加入時には、納税主体が変更になったとみられます。そこで、納税主体が変更になるのを機に資産を時価評価し、課税関係を清算するという趣旨があります。

　また、各法人が抱える資産の含み損を連結納税に持ち込み、他の法人の利益と通算することを防止するという、租税回避行為の防止の趣旨もありましょう。

　そのような趣旨からすれば、資産の時価評価は、親法人も行うべきであるかもしれませんが、現行法では連結子法人のみが行えばよいことになっています。ただし、連結子法人であっても、たとえば連結親法人との間に5年前の日から完全支配関係があるものなどは、時価評価を行う必要はありません。

(3)　次に時価評価を行う「時価評価資産」とは、固定資産、土地（借地権を含む）、有価証券、金銭債権および繰延資産をいいます。ただし、たとえば、その時価と帳簿価額との差額が資本金等の額の2分の1相当額または1,000万円のいずれか少ない金額に満たない資産を除きます（法法61の11①、法令122の12①）。

　この時価評価資産には、土地は棚卸資産であっても含まれますが、土地以外の棚卸資産は含まれません。したがって、時価が1,000万円未満の資産や土地以外の棚卸資産は、時価評価をする必要はありません。

　このような資産の時価評価は、非適格株式交換等が行われた場合にも行います（法法62の9、Q23参照）。

㊟　連結納税制度は、令和4年4月1日開始事業年度からグループ通算制度に移行します。

《参考裁決例》

○　請求人は、連結加入直前事業年度において、債務超過となっている子会
社の株式（時価評価資産）の時価評価額の算定に当たっては、債務超過に
相当する金額をマイナス評価するのが相当である旨主張する。

　しかしながら、仮に当該子会社の１株当たりの純資産価額等が零円を下
回るとしても、強行規定である会社法第104条《株主の責任》によって請
求人が追加的に出資を要求されることはなく、一方、将来的に当該子会社
の業績によっては配当を得る可能性も残っており、当該子会社の株式が通
常取引されると認められる価額は零円以上となると解されるから、請求人
の連結加入直前事業年度終了の時において、当該子会社の株式の１株当た
りの純資産価額等が零円を下回る場合の「１株当たりの純資産価額等を参
酌して通常取引されると認められる価額」は、零円以上と認めるのが相当
である（審判所裁決　平成23.7.7　裁決事例集No.84　252頁）。

19 譲受法人が譲渡損益調整資産に評価損を計上した場合の譲渡損益の戻入額の計算

Q 親会社が完全支配関係がある子会社に対して、譲渡損益調整資産である有価証券を5,000万円で譲渡し、譲渡損益調整額3,000万円（損失）を有しています。

この場合、その子会社がその有価証券につき取得価額の50％相当額の2,500万円の評価損を計上したときは、譲渡法人である親会社における譲渡損益調整額の戻入額は、譲渡損益調整額3,000万円の50％相当の1,500万円とすべきでしょうか。

A 親会社は譲渡損益調整額3,000万円の50％相当額である1,500万円ではなく、譲渡損益調整額3,000万円全額を戻し入れてよいものと考えます。

解 説

(1) 法人が譲渡損益調整資産（帳簿価額1,000万円以上の固定資産、土地、有価証券、金銭債権、繰延資産）を完全支配関係（株式の100％保有関係）がある法人に譲渡した場合には、その譲渡損益額は認識せず、課税の繰延べを行います（法法61の13①）。

ご質問の親会社は、子会社に有価証券を譲渡したときは、税務上、次のような処理を行います。

現金預金　　　　　5,000万円　／　有価証券　　　　　　　　8,000万円
有価証券売却損　　3,000万円

譲渡損益調整勘定　3,000万円　／　譲渡損益調整勘定繰入額　3,000万円

（別表四）

	区　　分		総　　額	留　　保	社外流出
加算	譲渡損益調整勘定繰入額	9	30,000,000	30,000,000	

（別表五（一））

区　　分		期首積立金額	当期の減	当期の増	期末積立金額
譲渡損益調整勘定	3			30,000,000	30,000,000

　その後、譲渡損益調整資産の譲受法人が、その譲渡損益調整資産につき評価損を計上し、その評価損の額が損金算入された場合には、譲渡法人は課税を繰り延べている譲渡利益額または譲渡損失額（譲渡損益調整額）は戻し入れて益金の額または損金の額に算入しなければなりません（法法61の13②、法令122の14④五）。

⑵　この場合の戻入額については、譲受法人における譲渡損益調整資産の取得価額（5,000万円）に対する評価損の額（2,500万円）の比により按分した金額（1,500万円）を戻入額とすべきである、という考え方もみられます。

　たしかに、グループ法人税制の前身である、平成22年税制改正前の「分割等前事業年度における連結法人間取引の損益の調整」や「連結法人間取引の損益の調整」では、戻入額はご質問のような方法で按分することとされていました（旧法令122の14(4)四、155の22(3)四）。このような考え方が、たとえば譲受法人の損金算入の償却費に対応して、譲渡損益調整額の戻入れを要するとされている点などからみて整合的であるといえましょう（法令122の14参照）。

⑶　しかし、現行法には、ご質問のような方法で按分した金額を戻入額とする旨の定めはありません。譲受法人の評価損が損金算入された場合に

は、譲渡利益額または譲渡損失額に相当する金額を戻し入れると規定されているのみです（法令122の14④五）。これは、グループ法人税制は幅広く適用されるところから、制度の簡素化を図ったものと考えられます。

　したがって、ご質問の場合には、親会社は譲渡損益調整額3,000万円（損失）全額を戻し入れてよいものと考えられ、その場合の税務上の処理は次のとおりです。

　譲渡損益調整勘定戻入額　3,000万円 ／ 譲渡損益調整勘定　3,000万円

（別表四）

区　　　　分		総　　額	留　　保	社外流出
減算	譲渡損益調整勘定戻入額	20	30,000,000	30,000,000	

（別表五（一））

区　　　分		期首積立金額	当期の減	当期の増	期末積立金額
譲渡損益調整勘定	3	30,000,000	30,000,000		－

二　金銭債権の評価損

～～～～～～～～～～～～～　**＜関係法令・通達等＞**　～～～～～～～～～～～～～

1　法人の有する資産に「法的整理の事実」が生じた場合には、評価損の損金算入ができるが（法法33②、法令68①）、この「法的整理の事実」には、例えば、民事再生法による再生手続開始の決定があったことにより、評定が行われることが該当する（法基通9－1－3の3）。

2　金銭債権は評価換えの対象とならず、「法的整理の事実」により評価損を計上したときは、貸倒引当金の設定として取り扱う（法基通9－1－3の2）。

3　貸倒引当金の設定は、中小企業者と金融・保険事業者に限られ、一般事業大法人には認められない（法法52）。

20 金銭債権に対する「法的整理の事実」による評価損の計上の可否

Q 平成21年度の税制改正により、金銭債権についても「法的整理の事実」が生じた場合には、評価損の計上ができるようになったと理解しています。

ところが、法人税基本通達によれば、「法的整理の事実」によっては金銭債権の評価損は認められないようですが、それはどのような理由によるのでしょうか。

A 企業会計では、そもそも金銭債権に評価損の計上は予定されておらず、金銭債権の回収可能性に疑義があれば、貸倒引当金の設定で対処すべきところ、敢えて評価損を計上するのは、実質的に貸倒引当金の設定であるとみられる、ということだと考えられます。

解 説

(1) 平成21年度の税制改正により、資産に対する評価損の計上事由が「物損等の事実」と「法的整理の事実」に整理されました。それとともに、預金、貯金、貸付金、売掛金その他の債権（預金等）についても、基本的に評価損の計上ができるようになりました（法法33②）。

　従来、資産の評価損の取扱いを定めた、法人税法の規定（法法33②）上、「内国法人の有する資産」の下にかっこ書きがあって、「預金等を除く。」とされていましたが、そのかっこ書きが削除されたからです。

　もっとも、預金や貯金については、その額面どおりに評価すべきですから、原則として評価損は問題となりません。

二　金銭債権の評価損

(2)　問題は、貸付金、売掛金その他の債権（金銭債権）について、評価損の計上ができるかどうかです。この点、「物損等の事実」による評価損の計上は、棚卸資産、有価証券、固定資産および繰延資産に限られていますから、金銭債権は評価損の計上対象になりません（法令68①）。

　　一方、法文上からみる限り、「法的整理の事実」が生じた場合の評価損の計上対象になる資産に限定はありませんから、金銭債権についても評価損の計上は可能です（法法33②、法令68①）。

(3)　この場合の「法的整理の事実」とは、「会社更生法等による更生手続における評定が行われることに準ずる特別の事実」をいいます（法令68①）。具体的には、たとえば民事再生法の規定による再生手続開始の決定に伴い、財産の評定（同法124①）が行われることが該当します（法基通9－1－3の3）。

(4)　ところが、法人税基本通達によれば、法人の有する金銭債権は、法人税法33条2項の評価換えの対象にならないといっています。もし、「法的整理の事実」により金銭債権の帳簿価額を損金経理により減額したときは、その減額した金額は貸倒引当金勘定の繰入額として取り扱われます（法基通9－1－3の2）。これは、どのように理解すべきでしょうか。

(5)　上記(3)のとおり、「法的整理の事実」は民事再生会社等に生じます。その民事再生会社については、会計上、継続企業の前提が成立していない会社と位置づけ、すべての資産と負債の評価替えを強制することは適当でないと解されています。そして、再生手続に伴い行われる財産評定の結果は、取得原価とみなされることはなく、資産、負債の帳簿価額を評価替えする性格のものではないと考えられています（日本公認会計士協会・平成17.4.12「継続企業の前提が成立していない会社等における

64

資産及び負債の評価について」)。

　つまり、企業会計では、そもそも金銭債権に評価損の計上は予定されておらず、金銭債権の回収可能性に疑義があれば、貸倒引当金の設定で対処します。

(6)　企業会計において金銭債権につき評価損の計上が認められないとすれば、それでも敢えて評価損を計上するのは、実質的に貸倒引当金の設定であるとみられるということでしょう。

　しかし、税法に限らず、法律はいったん制定されれば、立法の趣旨や理由を離れた客観的な存在であると解されています（最高判　昭和37.10.2　税資36号　938頁）。原則として、立法趣旨にかかわらず、法文の文理に即して解釈すべきであるということです。

　このような考え方をみますと、会計上は問題があるとしても、法人税法の規定を淡々と読めば、金銭債権に評価損の計上ができないとはいえません。事実上、「法的整理の事実」に基づき金銭債権に対して損金経理により評価損を計上したものを貸倒引当金であるというのは、なかなか理解が難しいところです。

　特に、金融業や保険業以外の一般事業大法人には、貸倒引当金の設定は認められていませんから、貸倒引当金の設定として取り扱うといっても、解決にはなりません。

《参考判例》

○　法令の解釈に際し、法令制定の事情、動機等をも参酌しなければならない場合もあるであろうが、法令の規定は立法理由を離れた客観的な存在であるから、立法の理由、経緯等によって法令の解釈を左右することはできない（最高判　昭和37.10.2　税資36号　938頁）。

21 債務者に再生手続開始の申立てがあった場合の金銭債権の処理

> **Q** 当社が売掛金（5,000万円）を有する得意先が、経営不振により民事再生手続開始の申立てを行いました。
>
> 　法人に再生計画認可の決定があった場合には、資産に対する評価損の損金算入ができますから、この売掛金について、評価損を計上することができるでしょうか。

A ご質問の売掛金に評価損の計上はできませんが、売掛金を有する法人がたとえば中小企業者に該当すれば、その売掛金5,000万円の50％相当額2,500万円を個別貸倒引当金に繰入れ、損金とすることができます。

解　説

(1)　たしかに、法人に再生計画認可の決定などがあった場合において、その法人が有する資産に評定を行っているときは、評価損の額は損金の額に算入することができます（法法33④、法令68の2）。

　　しかし、これはその法人自身について再生計画認可の決定などがあった場合の取扱いであって、得意先に再生計画認可の決定があった場合の取扱いではありません。得意先に民事再生手続開始の申立てがあっても、その売掛金につき評価損を計上することはできません。

(2)　一方、法人が有する金銭債権に係る債務者について、再生手続開始の申立てがあった場合には、個別貸倒引当金繰入額の損金算入をすることができます。この場合の個別貸倒引当金の損金算入限度額は、金銭債権の額の50％相当額です（法令96①三）。

　ただし、貸倒引当金繰入額の損金算入は、資本金額が1億円以下の中小企業者、金融・保険業者および金融債権を有する法人に限られます（法法52①）。

　したがって、ご質問の売掛金を有する法人が、たとえば中小企業者に該当する法人であれば、売掛金5,000万円の50％相当額の2,500万円を個別貸倒引当金に繰入れ、損金とすることができます。

(3)　法人が有する金銭債権につき貸倒損失として処理できるのは、その金銭債権が回収不能で全く無価値になった場合に限られます（法基通9－6－1、9－6－2）。しかし、実際問題としては、全く無価値で全額回収不能ではなく、一部回収不能の状態にあることがあります。そのような場合に、全く無価値になるまで、一切損金算入ができないというのは、いかにも不合理です。

　そこで、全額回収不能ではなく、一部回収不能と見込まれる金銭債権については、個別貸倒引当金繰入額の損金算入が認められています。これは実質的には、金銭債権に対する評価損の計上を認めるものといえましょう。

　このような個別貸倒引当金の趣旨からすれば、その設定対象を中小企業者や金融・保険業者などに限定せず、広く一般の事業会社にも認められてよいものと考えます。税制改正が望まれるところです。

22 差入建設協力金に対する現在価値額による時価評価の可否

> **Q** 新たに建設されるビルに入居予定の企業が、そのビルの建設資金に充てるため、ビルのオーナーに長期間無利息の建設協力金５億円を差し入れました。
>
> このような差入建設協力金について、企業会計では現在価値額を算定し、仮にその現在価値額が３億8,000万円であれば、その額で長期貸付金として計上します。税務上においても、このような評価ができるのでしょうか。

A 税務上は、長期間無利息の貸付金であっても、企業会計のような現在価値額による時価評価は認められず、資産である長期貸付金は５億円で計上すべきことになります。

解　説

(1)　「建設協力金」とは、建物の建設時にその建物の借主が建物の所有者に消費寄託する建物の賃貸借に係る預託保証金をいいます。契約に定めた期日に預託保証金の受入企業が現金を返還し、差入企業がこれを受け取る契約です。たとえば、当初無利息で10年経過すると低利の金利がつき、その後10年間にわたり現金で返済される建設協力金が典型的なものです（日本公認会計士協会・平成12.1.31「金融商品会計に関する実務指針」10項、221項）。

　このように、建設協力金は無利息または低金利の預託金であるにもかかわらず、借主が10年や20年もの間、建設協力金を差し入れるのは、そ

の期間中の支払家賃が低く抑えられるためです。借主からみれば、支払うべき家賃と受け取るべき利息とが相殺されているといえましょう。

(2) そこで、企業会計においては、建設協力金は時価評価を行い、その時価評価額との差額は家賃および利息として処理します。

借主が将来返還される建設協力金を差し入れた場合、その建設協力金の時価を返済期日までのキャッシュ・フローを割り引いた現在価値で評価します。そして、建設協力金の支払額とその時価（現在価値額）との差額は、長期前払家賃として計上します（金融商品会計実務指針133項、同設例15参照）。

ご質問の場合には、建設協力金の支払時に次のような会計処理を行います。

長期貸付金　38,000万円　／　現金預金　50,000万円

長期前払家賃　12,000万円

(3) その後の建物の賃借期間の経過に応じて、定額法により長期前払家賃を支払家賃に振り替えます。また、建設協力金の支払額とその時価（現在価値）との差額を契約期間にわたって利息法により配分し、受取利息として計上します。仮に当期における支払家賃が1,200万円、受取利息が1,300万円であると計算されれば、次のような会計処理を行います。

支払家賃　1,200万円　／　長期前払家賃　1,200万円

長期貸付金　1,300万円　／　受取利息　　　1,300万円

(4) これに対し、税務上、建設協力金に関して明文の取扱いは定められていません。あくまでも、建設協力金は、資産・負債の評価や収益・費用の計上時期の基本的な考え方により処理すべきものと考えます。

そこで、建設協力金は、ビルの借主からみれば、長期貸付金である金銭債権であり、税務上は金銭債権の時価評価は認められていません。金

銭債権の額面金額のまま認識すべきであり、ご質問の場合、長期貸付金として５億円で計上すべきものと考えます。

　その結果、税務上は建設協力金のうちから、いわば実質的な家賃や利息を認識する余地はないことになります。家賃については、実際の支払家賃の額を賃借期間の経過に応じて損金算入するのが原則です（法基通２－１－29）。

　また、受取利息については、そもそも債権としての確定（法基通２－２－12）がありませんから、益金算入をする必要はないといえましょう。

　したがって、税務上は企業会計のような処理は認められず、資産である長期貸付金は５億円で計上し、建設協力金の支払額とその時価との差額１億2,000万円を支払家賃や受取利息として認識することはできないものと考えます。

⑸　ただ、税務上、建設協力金を５億円で計上するのであれば、その建設協力金を10年間無利息で使用させる受取利息を認識すべきではないかという問題が生じてきます。しかし、収益として受取利息を認識するのであれば、一方で費用として支払家賃を認識すべきことになり、両者が相殺されますから、結果として受取家賃を認識する必要はないものと考えます。

23 非適格株式交換に伴う完全子会社における金銭債権の時価評価の方法

Q 非適格株式交換が行われた場合には、その完全子会社は資産を時価評価して、その評価損益を課税対象にしなければなりません。この時価評価の対象資産には金銭債権も含まれますが、金銭債権の具体的な評価方法について定めはないように思われます。

この場合、連結納税を開始する場合の金銭債権の時価評価については定めがありますので、それによって時価評価をすることでよいでしょうか。

A 非適格株式交換に伴う完全子会社における金銭債権の時価評価は、連結納税を開始する場合の時価評価の方法に準じて行えばよいものと考えます。

解説

(1) 「株式交換」とは、株式会社がその発行済株式の全部を他の株式会社または合同会社に取得させる組織法上の行為をいいます（会社法2三十一、767）。具体的には、既存の会社（完全親会社となる会社）が別の会社（完全子会社となる会社）の株主から株式の全部を取得し、それと交換に自社の株式（または親会社の株式）をその株主に交付する、持株会社制を採用するための一手法です。

(2) 税務上、その株式交換が非適格株式交換に該当する場合には、完全子会社はその有する固定資産、土地等、有価証券、金銭債権および繰延資産（これらの資産のうちその含み損益が資本金等の額の2分の1または

71

1,000万円とのいずれか少ない金額に満たないもの等を除く。「時価評価資産」）は時価評価を行って、その評価損益は課税対象にする必要があります（法法62の9、法令123の11）。適格株式交換の場合には、時価評価を要しません。

　これは、株式交換は合併と同じような効果をもつ組織法上の行為ですから、合併法制と整合性を図る趣旨によるものです。

⑶　そこで、非適格株式交換の場合には、完全子会社はその有する金銭債権について時価評価を行い、その評価損益を計上する必要があります。ところが、その金銭債権の評価方法について取扱いは定められていません。

　一方、似たような資産の時価評価を行うべき場合として、ご質問にあります連結納税を開始する場合があります（法法61の11、Q18参照）。その連結納税を開始する場合の金銭債権の時価評価は、次のような方法によります（法基通12の3－2－1⑷）。

①　その一部につき貸倒れその他これに類する事由により損失が見込まれる金銭債権———その金銭債権の額から個別貸倒引当金繰入限度額（法法52①）に相当する金額を控除した金額をもって時価とする方法

②　①以外の金銭債権———その金銭債権の帳簿価額をもって時価とする方法

⑷　この⑶①の方法は、個別貸倒引当金繰入限度額は金銭債権について取立て等の見込みがない部分の金額を合理的に算定し、計算しますから、非適格株式交換の場合にあっても、準用してよいものと考えます。

　これに対し、貸倒れ等の懸念がない金銭債権であっても、理論的には弁済期限や利率等によっては、現在価値額によって時価評価をすべきであるかもしれません。しかし、実務的には現在価値額の算定も難しい問

題ですから、上記(3)②の方法のように帳簿価額を時価とする方法も認められるものと考えられます。

⑸　なお、貸倒れ等の懸念がある金銭債権について評価損を計上する場合、もし過年度に貸倒れ等の状況が生じていたとすれば、過年度に貸倒損失を計上すべきであったのであり、非適格株式交換を機に評価損として認識するのはおかしい、という意見が考えられます。

　　たしかに、過年度に既に金銭債権が法的整理等により切り捨てられているのに、会社がその切捨て時に貸倒処理をしていないような場合に、非適格株式交換を奇貨として、その貸倒損失相当額を評価損として実現させるのは問題である、といえましょう。しかし、その金銭債権が切り捨てられておらず、法的に債権がある場合には、貸倒損失をいつ計上するかは、一次的には会社の考え方と処理が尊重されるべきですから、このような問題は生じないものと考えます。

三　棚卸資産の評価損

<関係法令・通達等>

1　法人の有する棚卸資産について、原則として評価損の計上はできないが（法法33①）、①物損等の事実（次に掲げる事実が生じたことによりその資産の時価が帳簿価額を下回ることとなったこと）又は②法的整理の事実（更生手続の評定が行われることに準ずる特別の事実）が生じた場合には、評価損の計上ができる（法法33②、法令68①一）。

(1)　災害により著しく損傷したこと。

(2)　著しく陳腐化したこと。

(3)　(1)又は(2)に準ずる特別の事実

2　上記1(2)の「著しく陳腐化したこと」とは、棚卸資産そのものには物質的な欠陥がないにもかかわらず、経済的な環境の変化に伴ってその価値が著しく減少し、その価額が今後回復しないと認められる状態にあることをいい、例えば商品について次のような事実が生じたことが該当する（法基通9−1−4）。

(1)　いわゆる季節商品で売れ残ったものについて、今後通常の価額では販売できないことが過去の実績等に照らして明らかであること。

(2)　その商品と用途の面ではおおむね同様のものであるが、型式、性能、品質等が著しく異なる新製品が発売されたことにより、その商品について今後通常の方法により販売することができなくなったこと。

3　上記1(3)の「(1)又は(2)に準ずる特別の事実」には、例えば破損、型崩れ、たなざらし、品質変化等により通常の方法による販売ができなくなったことが含まれる（法基通9−1−5）。

4　棚卸資産の時価が、単に物価変動、過剰生産、建値の変更等の事情によって低下しただけでは、評価損の計上ができる事実に該当しない（法

76

基通9-1-6)。

5 　法人が当該製品の製造中止後一定期間保有する補修用部品について、将来使用すると見込まれる適正保有量を超える補修用部品の帳簿価額相当額は、補修用部品在庫調整勘定に繰り入れ損金算入ができる（法基通9-1-6の2～9-1-6の7）。

6 　出版業者が有する単行本のうち最終刷後6月以上を経過したものについて、売上比率と発行部数からみて売れ残ると見込まれる単行本の帳簿価額相当額は、単行本在庫調整勘定に繰り入れ損金算入ができる（法基通9-1-6の8～9-1-6の11）。

7 　棚卸資産の期末評価方法として低価法（原価法で評価した価額と期末時価とのいずれか低い価額をもって評価額とする方法）を採用することができ、期末の売却可能価額から見積販売直接経費を控除した正味売却価額を時価として、その時価が下落すれば結果的に評価損が認識される（法法29①、法令28①二、法基通5-2-11）。

8 　棚卸資産の評価方法を変更する場合には、その変更することに特別な理由があるときを除き、現によっている評価方法を採用してから3年経過していなければならない（法令30③、法基通5-2-13）。

24 骨董商の有する絵画等の市場相場が下落した場合の評価損計上の可否

Q 骨董商が有する棚卸資産である絵画の相場が、昨今の厳しい経済環境により大幅に下落しており、購入価額の半額以下に低下しているものも少なくありません。

　そのような、相場が著しく下落した絵画について評価損を計上することができるでしょうか。

A 単に経済環境の悪化による相場の下落があっても、評価損の計上はできませんが、棚卸資産の評価方法として低価法を採用している場合には、結果的に評価損の計上が認められます。

解　説

(1)　税務上、棚卸資産に対する評価損は、①災害により著しく損傷したこと、②著しく陳腐化したこと、③①または②に準ずる特別の事実が生じたことにより、その時価が帳簿価額を下回ることとなった場合に計上することができます（法法33②、法令68①一）。評価損の計上には、これらの事実と時価の下落との間に直接的な因果関係がある必要があります。

(2)　上記(1)②の棚卸資産が「著しく陳腐化したこと」とは、棚卸資産そのものには物質的な欠陥はないが、経済的な環境の変化に伴ってその価値が著しく減少し、その価額が今後回復しないと認められる状態にあることをいいます。たとえば、次のような事実が該当します（法基通9－1－4）。著しい陳腐化に伴って、価値の減少が固定的であるということです。

① 季節商品で売れ残ったものが、今後通常の価額では販売できないことが既往の実績その他の事情からみて明らかであること。

② その商品と用途はおおむね同様であるが、型式、性能、品質等が著しく異なる新製品が発売されたことにより、今後通常の方法では販売できないようになったこと。

また、上記(1)③の「①または②に準ずる特別の事実」には、たとえば棚卸資産が破損、型崩れ、たなざらし、品質変化等により、今後通常の方法では販売できないようになったことが該当します（法基通9－1－5）。

(3) これに対し、棚卸資産の時価が単に物価変動、過剰生産、建値の変更等の事情によって低下しただけでは評価損の計上はできません（法基通9－1－6）。税務上の棚卸資産の評価損は、基本的にその資産自体に物理的、客観的な事情が生じた場合に初めて認められ、経済的な事情ではその計上はできません。

したがって、ご質問の絵画の相場が、購入価額の半額以下に低下しても評価損の計上は認められないものと考えます（東京高判　平成8.10.23　判例時報1612号　141頁）。

(4) ただ、絵画であっても、破損や汚れなどにより時価が低下した場合には、評価損を計上する余地はあります。もちろん、そのような破損や汚れなどがあっても、なおかつ骨董的な希少価値等があって、むしろ時価が帳簿価額よりも上昇しているような場合には、評価損の計上はできません。

(5) なお、棚卸資産の評価方法として低価法を採用している場合には、結果として評価損の計上ができます。低価法は、取得価額で評価した価額と期末時価とのいずれか低い価額をもってその評価額とする方法です

（法令28①二）。低価法による場合には、上記(1)の評価損と異なり、特別の事情の発生を要せず、単に市場価額の変動により期末時価が下落したときであっても、評価損を認識することができます。

　もとより、骨董商が有する古美術品や古文書、書画、彫刻、工芸品などであっても、販売を目的とするものである限り、棚卸資産に該当します。

《参考判例》

○　1　法人税基本通達9－1－4には、「棚卸資産そのものには物質的な欠陥がないにもかかわらず経済的な環境の変化に伴ってその価値が著しく減少し、その価額が今後回復しないと認められる状態にあることをいう」と定められている。そして、ここにいう「経済的な環境の変化」にはいわゆるバブル経済の崩壊も含まれるという所論のような理解も、文言の理解としてはありえないわけではない。しかしながら、そのような理解は、資産の陳腐化という文言に沿わないばかりか、結局は物価変動に伴う価額の下落をすべてこれに含めることになり、法人税法33条1項の原則にも沿わないことになる。また、同通達9－1－4には、陳腐化の例示としていわゆる季節商品及び時代遅れの商品が挙げられ、同通達9－1－6には、資産の時価が単に物価変動等によって低下しただけでは法人税法施行令68条1号の事由には該当しないことに留意すべきことが定められており、一般的に生じた物価変動に伴う同種資産の価額の下落はその事由に該当しないことが示されている。そうすると、右の「経済的な環境の変化」という文言は、物価変動が生じた原因を限定する趣旨で付されたものであり、新製品の開発、新技術の開発、生活様式の変化、法的規制の変化、経済政策の重点の移行など当該資産をめぐる特殊な経済的需給環境の変化を指す趣旨

で用いられたものと理解するのが相当である。

　2　法人税法施行令68条1号ニにいう「イからハまでに準ずる特別の事実」とは、同通達9－1－5にその例示として破損、型崩れなどが挙げられていることからも明らかなように、通常の価格や通常の方法では販売ができなくなった場合をいうものと理解するのが相当であって、バブル経済の崩壊に伴う場合を含めて単なる物価変動に伴う価格の下落を含まないものと解するのが相当である（東京高判　平成8.10.23　判例時報1612号141頁）。

25 陳腐化や品質低下した商品に対する評価損の計上の可否とその時価

Q 会計上、陳腐化や品質低下した商品で処分見込等のものについ
ては、合理的な時価を算定することなく、その帳簿価額をゼロ
または備忘価額まで切り下げる方法が認められています。
　税務上においても、そのような簡便な方法が認められますか。

A 陳腐化や品質低下した商品で処分見込等のものであっても、税務上
は企業会計のような方法の適用は認められず、棚卸資産の評価方法
である低価法によるか、所定の事由が生じた場合にのみ評価損の計上がで
きます。

解　説

(1)　会計上、営業循環過程から外れた滞留または処分見込等の棚卸資産に
ついて、期末評価額を合理的に算定された価額によることが困難な場合
には、正味売却価額まで切り下げる方法に代えて、次のような方法によ
ることができます（企業会計基準委員会・平成18.7.5「棚卸資産の評
価に関する会計基準」9項、49項）。

①　帳簿価額を処分見込価額（ゼロまたは備忘価額を含む）まで切り下
げる方法

②　一定の回転期間を超える場合、規則的に帳簿価額を切り下げる方法

(2)　税務上の棚卸資産の評価方法である低価法の時価は、その棚卸資産を
売却するものとした場合に通常付される価額をいい、商品または製品と
して売却するものとした場合の「正味売却価額」によります（法基通5

－2－11)。

　その正味売却価額は、具体的には通常、商品または製品として売却するものとした場合の売却可能価額から見積追加製造原価（未完成品に限る）および見積販売直接経費を控除した正味売却価額によります（法基通5－2－1㊟）。これは、企業会計と同じ考え方です（棚卸資産会計基準5項、Q39参照）。

　低価法はあくまでも棚卸資産の評価方法ですから、この正味売却価額を期末時価として低価法を適用し、売上原価を算出します。

(3)　一方、税務上は、棚卸資産に陳腐化（季節商品で売残り、新製品の発売により販売困難）や品質低下（破損、型崩れ、たなざらし、品質変化等）が生じた場合には、評価損の計上ができます（法令68①一、法基通9－1－4、9－1－5、Q24参照）。

　その場合の時価は、その資産が使用収益されるものとして譲渡される場合に通常付される「処分可能価額」によります（法基通9－1－3）。

(4)　会計上は、品質低下・陳腐化評価損と低価法評価損との会計処理の区分に相違を設ける意義は乏しいと考えられています（棚卸資産会計基準39項）。

　しかし、税務上は両者の間には評価損の計上事由や時価、経理方法の考え方に差があり、会計上の考え方とは乖離しています。税務上はあくまでも低価法によるか、所定の事由が生じた場合にのみ評価損の計上ができます。上記(1)の会計処理のような、形式的な処理は認められません。

26 婦人服店の新デザインの洋服が売れ残った場合の評価損計上の可否

Q 婦人服店が、最近の洋服事情や若い女性のファッション感覚に合うような、秋物の若い女性向けのデザインや色柄の洋服を制作し売り出したところ、期待に反してあまり売れ行きが芳しくなく、在庫を抱えています。

　その売残り在庫品について、評価損の計上ができる余地があるでしょうか。

A 婦人服、特に若い女性向けの洋服は極めて流行性が高い商品で、いったん売れ残ると通常の価額や方法では販売できないのが普通ですから、評価損を計上できる余地があります。

解　説

(1)　税務上、棚卸資産が著しく陳腐化した場合には、評価損を計上することができます（法法33②、法令68①一ロ）。この場合の「著しく陳腐化したこと」とは、棚卸資産そのものには物質的な欠陥はないが、経済的な環境の変化に伴ってその価値が著しく減少し、その価額が今後回復しないと認められる状態にあることをいいます。たとえば、次のような事実が該当します（法基通9－1－4）。

①　季節商品で売れ残ったものが、今後通常の価額では販売できないことが既往の実績その他の事情からみて明らかであること。

②　その商品と用途はおおむね同様であるが、型式、性能、品質等が著しく異なる新製品が発売されたことにより、今後通常の方法では販売

できないようになったこと。

(2)　婦人服、特に若い女性向けの洋服は、いかにその時々の女性の感性に合ったデザインや色柄などを察知し、それを取り入れるかが決定的に重要です。当然、それに伴って、売れ行きが左右されます。

　そのような中にあって、売れ残ったとすれば、その洋服を来シーズンの秋にそのままの価格で販売することはできないのが普通でしょう。むしろ、来シーズンの秋には、また新たなデザインや色柄の洋服を考え、売り出す方が企業の選択としては合理的であると思われます。

(3)　このように、婦人服、特に若い女性向けの洋服は極めて流行性が高い商品ですから、いったん売れ残ると価値は低下します。商品によっては、洋品雑貨の安売り店にまとめて投げ売りしているような例もみられます。婦人服のこのような事情は、特定企業のみの問題ではなく、婦人服業界一般のものといえましょう。

　このような事情は、上記(1)の①または②の棚卸資産が「著しく陳腐化したこと」に該当するとみてよいと考えます。したがって、ご質問の在庫品については、評価損を計上する余地はあるといえます。ただ、期末時価の算定は困難な問題ですが、洋品雑貨の安売り店の引取価額なども参考に合理的に算定しなければなりません。

27 有効期限が経過した農業用薬品に対する評価損の計上の可否

Q 農業用薬品の製造メーカーでは、有効期限が経過した農業用薬品が在庫として残っていることがありますが、その薬品は大体廃棄するのが普通です。

このような農業用薬品について、評価損を計上することが認められるでしょうか。

A 有効期限が経過すれば廃棄せざるを得ない実状から、有効期限が経過した農業用薬品については、評価損の計上が認められるものと考えます。

解　説

(1)　棚卸資産について、破損、型崩れ、たなざらし、品質変化等により、今後通常の方法によっては販売することができなくなった場合には、評価損を計上することができます（法令68①一ハ、法基通9－1－5）。

農業用薬品の場合、一般に有効期限が経過したからといって、直ちに効能がなくなるとはいい切れないと思われます。その限りでは、単に有効期限が経過したことをもって評価損の計上ができるとはいえないかもしれません。

(2)　しかし、農業用薬品に限らず、医薬品や食料品などにあっては、有効期限や賞味期限が表示されたものは、これらの期限が経過すれば廃棄せざるを得ないのが実状でしょう。有効期限や賞味期限が経過していない商品であっても、これらの期限が迫ってくると、低廉な価格で投げ売り

86

をするか、食料品は福祉団体や子ども食堂などに寄附するような例もみられます。

　このような実状からすれば、ご質問の有効期限が経過した農業用薬品については、評価損の計上が認められるものと考えます。

(3)　なお、法令改正や行政指導に伴い、使用・販売が禁止になった物質を含有する食料や医薬品、農業用薬品等は回収、廃棄せざるを得ませんが、当期末までに廃棄処分が完了していないものであっても、その帳簿価額と備忘価額との差額は評価損失として損金算入が認められます（国税庁通達・昭和45.2.28　直審（法）11「チクロ（サイクラミン酸ナトリウムおよびカルシウム）の使用禁止措置に伴う税務上の取扱いについて」、昭和45.4.7　直審（法）25「チクロの使用禁止に伴うチクロまたはチクロを含む混合甘味剤の評価損等の取扱いについて」、昭和46.1.18　直審（法）3「キノホルムおよびプロキシキノリンならびにこれらを含有する医薬品の販売中止措置に伴う税務上の取扱いについて」、昭和46.7.27　直法2－2「有機塩素系殺虫剤の使用中止措置に伴う税務上の取扱いについて」、昭和49.9.24　直法2－70「塩化ビニル（モノマー）を含有する医薬品等の製造販売規制に伴う税務上の取扱いについて」、昭和49.11.12　直法2－82「ＡＦ－2の使用禁止措置に伴う税務上の取扱いについて」）。

28 新型コロナの影響により販売機会を逸した春夏物等の衣料品に対する評価損の計上の可否

Q アパレル企業においては、新型コロナウイルスの影響による百貨店や小売店の営業自粛などで春夏物の衣料品の販売機会を逸し、在庫が積み上がっています。

　このような、販売機会を逸した春夏物の衣料品について、今後通常の価額では販売できず、特売セールで割引販売するか、格安販売店などに特別価額で引き取ってもらわざるを得ませんが、評価損の計上が認められるでしょうか。

A ご質問のような、販売機会を逸した春夏物の衣料品については、業界の常識や実績としても今後通常の価額では販売できないと認められますので、評価損の計上ができるものと考えます。

解説

⑴　新聞では、アパレル各社は新型コロナウイルスの影響による小売店の営業自粛などで春夏物の衣料品の販売機会を逸し、在庫は積み上がっており、販売機会が限られるアパレルは評価損などの形で業績に響きやすいので、ネット通販や再開した店舗での特売で春夏物の処分を急ぎつつ、秋冬物の仕入れも減らす、と報じられています（日本経済新聞・令和2.6.14朝刊）。

　特に、若い女性用の衣料品にその傾向が顕著でしょう。また、卒業式・入社式用に需要がある、男性用のスーツ等についても、同じような事情にあるようです。これらは俗に「コロナ在庫」と呼ばれています。

　大手アパレル会社が経営破綻した例にもみられるように、新型コロナウイルスの影響によりアパレル業界は苦戦を強いられているところです。

⑵　企業会計では、営業循環過程から外れた滞留または処分見込み等の棚卸資産について、合理的に算定された価額で評価することが困難な場合には、正味売却価額まで切り下げる方法に代えて、①帳簿価額を処分見込価額（ゼロまたは備忘価額を含む）まで切り下げる方法や②一定の回転期間を超える場合、規則的に帳簿価額を切り下げる方法が認められています（棚卸資産会計基準9項、49項）。

　一方、税務上は、法人の有する棚卸資産が著しく陳腐化し、その時価が帳簿価額を下回ることとなった場合には、評価損の計上ができます（法法33②、法令68①一）。この場合の「陳腐化」とは、棚卸資産そのものには物質的な欠陥がないにもかかわらず、経済的な環境の変化に伴ってその価値が著しく減少し、その価額が今後回復しないと認められる状態にあることをいいます。具体的には、たとえば、いわゆる季節商品で売れ残ったものについて、今後通常の価額では販売できないことが過去の実績等に照らして明らかである場合が該当します（法基通9－1－4）。

　また、たとえば、破損、型崩れ、たなざらし、品質変化等により通常の方法によって販売することができないようになった場合には、評価損の計上が認められます（法基通9－1－5）。

⑶　春夏物の衣料品や卒業式・入社式用のスーツは季節商品といえ、「コロナ在庫」の状態になっていれば、今後特売セールを行うか、格安販売店などに販売することにより処分していかざるを得ないものと思われます。昨今の新型コロナウイルスの感染状況をみますと、今後販売価額が回復し、通常の価額で販売することは望み得ないでしょう。

　また、「コロナ在庫」が積み上がっていれば、破損、型崩れ、たなざ

らし、品質変化等が生じることも考えられます。

　したがって、「コロナ在庫」となっている春夏物の衣料品や卒業式・入社式用のスーツについては、評価損の計上が認められるものと考えます。

(4)　一方、棚卸資産の時価が単に物価変動、建値の変更等の事情により低下しただけでは評価損の計上はできません（法基通9－1－6）。

　そこで、「コロナ在庫」の時価の下落は、新型コロナウイルス下の経済や市場環境の悪化に伴う物価変動によるものではないか、という議論が考えられます。

　たしかに「コロナ在庫」の時価の下落は物価変動によるものといえるかもしれません。しかし、それは単なる景気変動によるものではなく、新型コロナウイルスの流行という、客観的、具体的な事情による時価の下落です。

　したがって、「コロナ在庫」の時価の下落も物価変動によるのではないか、という指摘は当たらないものと考えます。

29 新型コロナの影響により飲食店等への出荷が困難な養殖魚に対する評価損の計上の可否

Q ブリやハマチ、真鯛等の養殖業者のなかには、得意先である飲食店等が新型コロナウイルスの影響により営業縮小や休業を余儀なくされているため、その出荷が困難になっている魚を生け簀で大量に保有しているところがあります。

このような養殖魚は、生け簀での生育数や生育環境を維持するため、早期の処分が必要であり、原価割れの価格で販売しています。このような魚について、評価損の計上ができる余地があるでしょうか。

A ブリやハマチ、真鯛等について、新型コロナウイルスの影響により今後早期の処分が必要であり、たとえば原価割れの価格で販売せざるを得ないとすれば、評価損の計上が認められる余地があるものと考えます。

解 説

(1) ご質問のように、ブリやハマチ、真鯛等の養殖業者のなかには、新型コロナウイルスの影響による得意先である飲食店や旅館等の営業縮小や休業に伴い、出荷待ち状態の魚を生け簀で大量に保有しているところがあります。これら生け簀の魚を処分しないと、次の生育のための稚魚を投入できないといわれています。

これら養殖魚は、俗に「海の在庫」や「生け簀在庫」と呼ばれており、生育数や生育環境を維持するためにも、早期の処分が必要です。

そこで、これら「海の在庫」や「生け簀在庫」の魚について、評価損

三　棚卸資産の評価損

の計上が認められるかどうかが問題です。

　なお、自己が養殖した棚卸資産の取得価額は、その養殖のために要した原材料費、労務費および経費の額と販売するために直接要した費用の額との合計額をいいます（法令32①二）。

⑵　法人の有する棚卸資産が著しく陳腐化し、その時価が帳簿価額を下回ることとなった場合には、評価損の計上が認められます（法法33②、法令68①一）。この場合の「陳腐化」とは、棚卸資産そのものには物質的な欠陥がないにもかかわらず、経済的な環境の変化に伴ってその価値が著しく減少し、その価額が今後回復しないと認められる状態にあることをいいます。具体的には、たとえば、いわゆる季節商品で売れ残ったものについて、今後通常の価額では販売できないことが過去の実績等に照らして明らかである場合が該当します（法基通9－1－4）。

　また、たとえば、破損、型崩れ、たなざらし、品質変化等により通常の方法によって販売することができないようになった場合にも、評価損の計上が認められます（法基通9－1－5）。

⑶　ブリやハマチ、真鯛等の養殖魚が「季節商品」といえるかどうかは、議論があるかもしれませんが、これらの魚には食べておいしい「旬」がありますから、季節商品といってよいでしょう。

　新型コロナウイルスの終息が見通せない状況下、経済的な環境の変化に伴ってその価額が著しく減少し、その価額が今後回復せず、通常の価額では販売できないという事情は、季節商品である春夏物等の衣料品と同じである、といえます。

　また、「海の在庫」や「生け簀在庫」として長く生け簀で飼育しすぎると、陽焼けなどいわば「たなざらし」の状態になり品質変化が起きることも考えられます。

　したがって、今後早期の処分が必要であり原価割れの価額で販売せざ
るを得ないため、評価損の計上をするとすれば、その余地はあるものと
考えます。

30 新型コロナの影響により訪日客が激減した免税店の在庫商品に対する評価損の計上の可否

Q 訪日客を最大の顧客とする家電製品や時計、化粧品や医薬品の免税店が、新型コロナウイルスの影響で訪日客が激減し、販売が大きく落ち込んで多くの在庫を抱えています。新型コロナウイルスの終息を待ってはいられず、そのままでは経営危機に陥るので、他の販売業者等に安値での販売攻勢をかけているところがあります。

　このような在庫となっている家電製品や時計、化粧品や医薬品について、評価損を計上することが認められるでしょうか。

A 在庫商品が旧式化し、あるいはたなざらしや品質変化が生じ、また、新型コロナウイルス終息の見通しもたたず、経営危機に陥ることを回避するため、その処分を安値でも急がざるを得ないとすれば、評価損の計上が認められる余地はあるものと考えます。

解　説

(1)　新型コロナウイルスが全世界で流行し、各国とも外出自粛や入出国制限をかけており、そのため訪日観光客が激減しています。その影響をストレートに受けているのが免税店でしょう。

　免税店販売を主とする業者のなかには、往時の外国人観光客数と売上げは望むべくもなく、外国人観光客を見込んで仕入れた家電製品や時計、化粧品や医薬品などが多く在庫として残っているところがあります。多くの在庫を抱えたまま、新型コロナウイルスの終息を待ってはいられません。

　在庫が長期化しますと、商品の旧式化や品質変化が生じる可能性もあり、経営危機を回避するため処分を急ぎ、他の販売業者や格安販売店などに特価での販売をせざるを得ないと思われます。

(2)　法人の有する棚卸資産が著しく陳腐化し、その時価が帳簿価額を下回ることとなった場合には、評価損の計上が認められます（法法33②、法令68①一ロ）。この場合の「陳腐化」とは、棚卸資産そのものには物質的な欠陥がないにもかかわらず、経済的な環境の変化に伴ってその価値が著しく減少し、その価額が今後回復しないと認められる状態にあることをいいます。具体的には、たとえば、その商品と用途の面ではおおむね同種のものであるが、型式、性能、品質等が著しく異なる新製品が発売されたことにより、今後通常の方法により販売することができないようになったことが該当します（法基通9－1－4(2)）。

　また、たとえば、破損、型崩れ、たなざらし、品質変化等により通常の方法によって販売することができないようになった場合にも、評価損の計上が認められます（法基通9－1－5）。

(3)　家電製品は、新製品や新機能の付加された製品が次々に開発され、旧式化の速度が早くなっています。また、長期間の売残り品は、破損や型崩れ、たなざらしや品質変化等も生じてくるでしょう。時計や化粧品、医薬品なども、多かれ少なかれ同じような事情にあるものと思われます。

　加えて免税店の有する在庫は、新型コロナウイルスの影響による経済環境の著しい悪化により安売りせざるを得ず、その終息の兆しもみえませんので、近い将来価額が回復する見通しもたちません。経営危機を回避するためその処分を急ぎ、安値販売をせざるを得ないとすれば、評価損の計上の余地があるものと考えます。

31 新型コロナの影響により営業縮小等をしている飲食店の食材に対する評価損の計上の可否

Q 　新型コロナウイルスの影響により、営業自粛や店舗縮小を余儀なくされている飲食店等では、多くの米穀や肉類、野菜、魚介類、調味料等の食材が期末在庫になっているところがあります。冷凍倉庫等に保管していれば、保管料もかかります。

　このような食材については、子ども食堂に寄贈したり、単価が小額でもあり、いちいち評価損を計上するような例は少ないかもしれませんが、もし評価損を計上するとすれば、その余地はあるでしょうか。

A 　ご質問のとおり、飲食店等が有する食材に対して評価損を計上するような例は少ないかもしれませんが、もし新型コロナウイルスの影響により積み上がっている在庫に評価損を計上するとすれば、その余地はあるものと考えます。

解　説

(1)　ご質問のとおり、新型コロナウイルスの影響により、営業自粛や店舗縮小等を余儀なくされている飲食店等のなかには、各種の食材が在庫として多く残っているところがみられます。

　特に、契約農家や契約漁師から納品される野菜や魚介類について、得意先である飲食店等の休業に伴い苦境にある農家や漁師を支援するため、契約どおりにそのまま仕入れている飲食店等もある、と聞きます。そのような飲食店等は在庫が積み上がっていくでしょう。

　また、全国展開する大型チェーンの飲食店などでは、在庫となってい

る食材も大量、多額になっているのではないか、と思われます。

　このような食材は、使用される見込みがないとすれば、短期間のうち
に廃棄処分にするか、あるいは子ども食堂などの福祉施設に寄贈する例
も少なくありません。

(2)　飲食店等が有する食材は棚卸資産に該当しますが、その棚卸資産につ
いて、たとえば、破損、型崩れ、たなざらし、品質変化等により通常の
方法によって販売することができないような事情が生じた場合には、評
価損の計上が認められます（法令68①一ハ、法基通9－1－5）。

　長期間在庫になる食材は、鮮度が落ちたり、消費期限や賞味期限の迫
っているものもあると認められ、評価損を計上する余地はあるものと考
えます。

　ただ、これらの食材は、子ども食堂など福祉施設へ無償提供したり、
損失を明確にするため期末には廃棄処分にする例も多いと思われます。
評価損を計上するにしても、単価が小額なものが多く、時価を算定する
のも困難な問題です。実務上は、評価損を考慮するような事例は少ない
かもしれません。

　なお、これらの食材を子ども食堂など福祉施設へ無償提供する場合で
あっても、寄附金課税や交際費課税の問題は生じないものと考えます
（国税庁・法人税質疑応答事例「フードバンクへ食品を提供した場合の
取扱い」）。

(3)　上記のような評価損の問題は、食料品の製造メーカーにも生じるもの
と考えられます。製造メーカーの場合には、既に製造された製品のほか、
その製品の原材料や包装資材なども評価損の対象になるでしょう。新型
コロナウイルスの影響により、既製品の販売が落ち込み在庫が積み上が
れば、次の生産調整をせざるを得なくなり、その原材料や包装資材は使

用できない可能性があるからです。

　製造メーカーの場合にも、上記と同様に考えていけばよいものと考えます。

32 新型コロナの影響により値下がりしている中古デジタル家電に評価損を計上することの可否

Q 中古のパソコン、デジタルカメラ、DVDレコーダー、デジタルオーディオプレーヤー等のデジタル家電の販売店では、新型コロナウイルスの影響による外出自粛や入出国制限により内外の顧客が激減し、在庫が積み上がって苦戦しています。中古品は、目先の需要にかかわらず市場に出たときに仕入れておかないと、手に入りにくいという事情もあります。

デジタル家電は、新品でも発売から日が経つにつれ値下がりするところ、中古品であればなおさらです。このような中古のデジタル家電について、評価損を計上することは認められるでしょうか。

A 中古のデジタル家電は、日が経つにつれて値下がりするところ、新型コロナウイルスの影響により在庫が積み上がり、今後更に通常の価額で販売できないとすれば、評価損の計上ができるものと考えますが、逆に、新型コロナウイルスの影響によるテレワーク等の需要により中古のタブレット端末などは値上がりしていますので、留意を要します。

解　説

(1)　デジタル家電は、ご質問にあるようないわば伝統的なもののほか、コンピューターネットワークを通じて作動する電子レンジや冷蔵庫、洗濯機なども登場しています。遠くに離れた親族の安否確認ができる電気ポットすらあります。

このようなデジタル家電は、日々新製品や新機能が付加された製品が

開発され、業界では発売から日が経つにつれ値下がりするのが普通である、といわれています。

　中古のデジタル家電であればなおさらで、日にちが経過すればするほど旧式化して値下がりし、レア物を求める好事家に販売するような特殊な場合を除き、通常の価額では販売できない、と思われます。新型コロナウイルスの影響が、それに追い打ちをかけている、といえましょう。

(2)　法人の有する棚卸資産が著しく陳腐化し、その時価が帳簿価額を下回ることとなった場合には、評価損の計上が認められます（法法33②、法令68①一ロ）。この場合の「陳腐化」とは、棚卸資産そのものには物質的な欠陥がないにもかかわらず、経済的な環境の変化に伴ってその価値が著しく減少し、その価額が今後回復しないと認められる状態にあることをいいます。具体的には、たとえば、その商品と用途の面ではおおむね同種のものであるが、型式、性能、品質等が著しく異なる新製品が発売されたことにより、今後通常の方法により販売することができないようになったことが該当します（法基通9－1－4⑵）。

　また、たとえば、破損、型崩れ、たなざらし、品質変化等により通常の方法によって販売することができないようになった場合にも、評価損の計上が認められます（法基通9－1－5）。

(3)　上述しましたように、デジタル家電は、日々新製品や新機能が付加された製品が開発され、発売から日が経つにつれ値下がりするのが普通です。そのため、一世代前のモデルになると、とたんに値段は大幅に下落します。それを実践、販売しているのが、アウトレット店でしょう。

　そこに加えて、新型コロナウイルスの影響により内外の顧客が減少し、売上げが期待できなければ、さらに値下げせざるを得ないと思われます。

　したがって、今後通常の価額で販売できないとすれば、評価損の計上

が認められるものと考えます。

(4)　ただし、新型コロナウイルスの影響により、逆に値上がりしているデジタル家電もあります。新型コロナウイルスの影響によるテレワークやオンライン授業向け需要が旺盛で、中古のタブレット端末は逆に値上がりしているといわれています（日本経済新聞・令和2.6.13朝刊）。

　このように、値上がりしている状況にあるデジタル家電については、仮に中古品であっても、むろん評価損の計上はできません。新型コロナ下にあっても値上がりする商品のあることに留意を要します。

33 相当の手入れが必要な販売用住宅等に対する評価損の計上の可否

> **Q** 当社は不動産業を営んでおり、販売用の住宅やマンションを保有していますが、その住宅やマンションの中には、立地条件や販売価額等の問題があり、長期間売れ残っているものがあります。これらの住宅やマンションは、外壁や内装等を全面的にやり直すなどの手を加えなければ売れませんので、その補修を予定しています。
>
> このような住宅やマンションに対して評価損を計上することができるでしょうか。もし、その計上ができないとすれば、その理由は補修を加えれば原状回復されるということでしょうか。

A ご質問のような事情で売れ残った住宅やマンションは、破損、型崩れ、たなざらし、品質変化等を理由として、その時価が低下している限り、評価損の計上は認められるものと考えます。

解 説

(1) 法人が保有する住宅やマンションであっても、販売用のものである限り、棚卸資産に該当します。ある資産が棚卸資産または固定資産のいずれであるかは、基本的には法人の保有目的や使用状況、会計処理等を総合勘案して判定します（措通65の7(1)－1参照）。

その棚卸資産について、破損、型崩れ、たなざらし、品質変化等により通常の方法によって販売できないような事情が生じた場合には、評価損を計上することができます（法令68①ハ、法基通9－1－5）。

(2) この場合、評価損の計上の可否は、評価損を計上しようとする事業年

度末の現況により判定します。この点は、損金算入される評価損の額は、評価換えをした事業年度末におけるその資産の時価と帳簿価額との差額とされていることからも明らかです（法法33②、法基通９－１－７㈲２参照）。

ご質問のように、今後その住宅やマンションに補修を加えれば原状回復はされるでしょう。しかし、あくまでも当期末においては補修は行われていませんから、原状回復はされていません。したがって、ご質問のような事情で売れ残った住宅やマンションは、破損、型崩れ、たなざらし、品質変化等を理由として、その時価が低下している限り、評価損の計上は認められるものと考えます。

ただ、時価の低下の事実が当期に生じたといえるのかどうかは、検証しておく必要があります（Ｑ１参照）。

(3) なお、評価損を計上した後、補修をした場合、その補修費用は単純に一時の費用になるのかどうか、という問題があります。

棚卸資産を消費しまたは販売の用に供するために直接要した費用の額は、その棚卸資産の取得価額に算入しなければなりません（法令32①、法基通５－１－１、５－１－３）。

また、棚卸資産ではなく、減価償却資産に関する取扱いですが、地盤沈下により評価損を計上した土地について地盛りをした場合の、その地盛りの費用は、資本的支出に該当するものとされています（法基通７－８－２(3)）。

これらの取扱いや考え方からみて、評価損を計上した後の補修のための費用は、その住宅やマンションの取得価額に算入すべきものと考えます。

34 モデルチェンジした商品の補修用部品に対する評価損の計上の可否

> **Q** 当社は電化製品の製造業を営んでおり、製品のモデルチェンジをした後も顧客からの修理依頼などに応えるため、数年間はそのモデルチェンジ前の製品の補修用部品を保存しています。
>
> その補修用部品について、保存してから相当期間経過した場合には、評価損を計上することは認められないでしょうか。

A 評価損として補修用部品の帳簿価額を直接減額することに代えて、一定の方式に基づいて毎期末の適正保有高を推定し、これを上回る部分の在庫高の帳簿価額相当額を補修用部品在庫調整勘定繰入額として損金算入することができます。

解説

(1)　電化製品やカメラ、自動車などのメーカーは、モデルチェンジし新製品を発売した後も販売中止した旧製品の部品を、修理用に一定期間相当量をまとめて保有しています。これは、販売中止後も消費者の修理依頼などに応えられるよう、行政指導や業界申合せなどによる慣行になっています。

　このような補修用部品は、必要量の見積りが困難なこともあり、必要な保有期間を過ぎてもデッド・ストックとして残る可能性があります。このような資産は、通常は保有期間の経過により陳腐化し、時価も下落するものと考えられます。

(2)　そのような実状から、評価損の計上の可否が問題になります。このよ

うな補修用部品がデッド・ストックとして残るのは、いわば見積り違いによる過剰生産に基づくものともみられます。棚卸資産が過剰生産によって価額が下落しても、評価損の計上は認められません（法基通9－1－6）。

しかし、補修用部品を一定期間保有する事情などからみますと、ある程度の確率でデッド・ストックが生じることが明らかであるのに、その費用化ができないのは、必ずしも合理的とはいえません。

(3)　そこで、評価損の額を補修用部品の帳簿価額から直接減額せず、評価損を間接表示する補修用部品在庫調整勘定の設定が認められています。その「補修用部品在庫調整勘定」は、一定の方式に基づいて毎期末の適正保有高を推定し、これを上回る部分の在庫高の帳簿価額相当額を補修用部品在庫調整勘定繰入額として損金算入するものです。一定の方式に基づく適正保有高の推定方法は、通達に具体的に定められています（法基通9－1－6の2）。

ただし、この補修用部品在庫調整勘定は、設定した事業年度の翌事業年度において益金に戻し入れなければなりません（法基通9－1－6の3）。すなわち、毎期洗替え方式を採用しています。

低価法の適用による評価損以外の、特定事由の発生による評価損は、翌期に戻し入れる必要はありません（Q16参照）。この点、補修用部品在庫調整勘定は実質的な評価損であるといいながら、翌期に戻し入れるのは、毎期末の適正保有高を推定し直す必要があるからです。

35 専門書出版社の単行本に対する評価損の計上の可否

Q 専門書の出版社では、出版後3年程度で売り切ればとよいと予定して出版したような単行本を長期間在庫として持っています。そのような単行本は年を経るに従って売上げが減少していくのが普通ですが、その単行本について、評価損を計上することはできないでしょうか。

A 最終刷後6か月以上を経過しても売れ残っている単行本については、評価損を間接表示するため、売残り単行本の期末帳簿価額の合計額に所定の売上比率と発行部数に応じた繰入率を乗じて計算した金額を、損金経理により単行本在庫調整勘定に繰り入れることができます。

解 説

(1) 出版社にとって、販売用の単行本は、当然棚卸資産に該当します。税務上、棚卸資産が著しく陳腐化した場合には評価損を計上することができます（法法33②、法令68①一ロ）。

単行本について、その出版後一定期間を経過してなお売れ残りがある場合には、その売れ残った単行本の多くは、業界の経験則からみてデッド・ストック化するのが普通です。そのような単行本は極端には紙屑の価値しかなくなり、著しい陳腐化があったといえましょう。

(2) したがって、売れ残りの単行本については、著しい陳腐化が生じたものとして評価損を計上することが認められます。しかし、年度版などのいわば際物の単行本を除き、一定期間経過し売れ残ったとはいえ、全く

売れないということもないのが単行本の特性です。そのため、出版後の期間の経過と単行本の価値をどう関連づけ、評価損の額を算定するか、困難な問題があります。

(3)　そこで、出版業界では古くから、経験則からみた発行部数と年度ごとの売上部数に応じた評価基準を定め、評価損の計上を行っていました。その考え方を基礎に、売れ残り単行本については、評価損の計上に代わるものとして「単行本在庫調整勘定」の繰入れが認められています。

　この単行本在庫調整勘定は、評価損を間接表示するものです。具体的には、単行本で最終刷後6か月以上を経過しても売れ残っているものがある場合には、その売れ残り単行本の期末帳簿価額の合計額に所定の売上比率と発行部数に応じた繰入率を乗じて計算した金額を、損金経理により単行本在庫調整勘定に繰り入れることができます（法基通9－1－6の8～9－1－6の11）。

　ただし、この単行本在庫調整勘定は、設定した事業年度の翌事業年度において益金に戻し入れなければなりません（法基通9－1－6の9）。すなわち、毎期洗替え方式を採用しています。

(4)　この単行本在庫調整勘定は、ご質問のような、当初から出版後3年程度で売り切ればよいと予定して出版した単行本であっても、現に最終刷後6か月以上を経過しても売れ残っている限り、適用することができます。

《参考裁決例》

○　請求人（月刊誌等の出版業）は、棚卸資産のうち、書店等から返品された雑誌等については、古紙としての価値があるにすぎないから、評価損の計上が認められるべきである旨主張する。

三　棚卸資産の評価損

　しかしながら、棚卸資産について評価損が認められるのは、陳腐化等の事実が生じ、かつ、損金経理によりその帳簿価額を減額した場合であるところ、請求人の棚卸資産については評価損の計上が認められる状態にあったと認めるに足る証拠はなく、損金経理により棚卸資産の帳簿価額を減額した事実も認められないから、請求人は、当該雑誌等について、その評価損を損金の額に算入することはできない。

　一方、原処分庁は、平成20年12月期の請求人の棚卸資産の期首計上額が過少であると認めるに足る証拠の提出がされなかったことを理由に、売上原価が過少となっているとの請求人の主張は認められない旨主張する。

　しかしながら、請求人から提出された証拠資料によれば、棚卸資産の期首計上額が過少であると認められ、これにより過少となった売上原価の額を損金に算入して請求人の所得金額を再計算すると、更正処分の金額を下回ることから、更正処分はその一部を取り消すべきである（審判所裁決平成23.3.25　裁決事例集No.82　143頁）。

36 棚卸資産の時価が製造原価を下回る場合の評価損計上の可否

Q このほど新製品を発売しましたが、多額の研究開発費や製造不慣れなどによるコストが嵩んだこともあり、新製品の売価よりも製造原価の方が高くなっています。

　このような場合、期末在庫となっている、その新製品につき評価損を計上することができるでしょうか。

A 資産に対する評価損は、経済的や法人の内部的な事情だけでは認められませんので、ご質問のような事情では、評価損の計上はできないものと考えます。

解　説

(1)　棚卸資産については、①災害により著しく損傷したことや、②著しく陳腐化したこと、③破損、型崩れ、たなざらし、品質変化等により通常の方法では販売できなくなったことに伴い、その時価が帳簿価額を下回る場合に評価損を計上することができます（法令68①一、法基通9－1－4、9－1－5）。

　これは、棚卸資産自体に直接的に客観的、物理的な事情が生じ、その事情に起因して時価が下落した場合に評価損の計上が認められるということです。

(2)　そこで、棚卸資産に対する評価損は、その時価が物価変動や過剰生産、建値の変更などの事情により低下しただけでは、評価損の計上はできません（法基通9－1－6）。このような単なる市場価格の下落や生産の

見込み違い、販売政策の変更などの経済的、法人の内部的な事情によっては評価損の計上は認められません。

　元来、税務上の資産に対する評価損は、その資産自体に直接的に問題が生じて価値が下落した場合に、その価値の下落分を認識するものと考えられているからです。この点、時価の下落の要因を一切問わず、事実として時価の下落があれば評価損が認められる、低価法の適用による評価損とは異なります。

　したがって、ご質問のような事情だけでは、評価損の計上はできないものと考えます。

(3)　なお、企業会計では、品質低下・陳腐化評価損と低価法評価損とは、発生原因は相違するものの、正味売却価額（時価）が下落することにより収益性が低下するという点からみれば、会計処理上、それぞれの区分に相違を設ける意義は乏しいと考えられています（棚卸資産会計基準39項、Q42参照）。

　この点、税務上の考え方と異なっていますから、留意が必要です。

37 時価を上回る価額で下取りした自動車に対する評価損の計上の可否

Q 自動車の販売会社では、新車を販売するとき、顧客の所有する自動車を時価より高めの価額で、頭金として下取りすることがあります。その下取りした自動車については、中古車として販売できるものは販売しますが、もはや販売できないようなものは廃車処分にします。

このように、時価より高めの価額で下取りした中古自動車に対して、評価損の計上ができるでしょうか。特に廃車処分にするような自動車は評価損の計上が認められると思われますが、どうでしょうか。

A 新車の販売に際し自動車を時価より高めの価額で頭金として下取りするのは、その時価と下取価額との差額は実質的には販売した新車の売上値引であると認められますから、評価損ではなく、売上値引として処理すべきものと考えます。

解 説

(1) 棚卸資産に対しては、①災害により著しく損傷したこと、②著しく陳腐化したこと、③破損、型崩れ、たなざらし、品質変化等により通常の方法によって販売することができなくなったことにより時価が低下した場合に評価損の計上ができます（法令68①一、法基通9−1−5）。

(2) 一方、棚卸資産の時価が単に物価変動、過剰生産、建値の変更等の事情によって低下しただけでは、評価損の計上は認められません（法基通9−1−6）。このような市場価額の下落や生産の見込み違い、販売価

111

　格政策の変更など、経済的、内部的な事情だけでは評価損の計上はできないということです（Q36参照）。

　したがって、ご質問のように、販売政策上、自動車を時価より高めの価額で頭金として下取りしたからといって、その時価と下取価額との差額につき評価損を計上することはできないものと考えます。

(3)　むしろ、自動車を時価より高めの価額で頭金として下取りするのは、その時価と下取価額との差額は実質的には販売した新車の売上値引である、と認められます。そうしますと、時価と下取価額との差額は、評価損ではなく、売上値引として売上金額を減額すべきでしょう。

　そして、下取りした自動車で中古車として販売できるものは、その時価でもって棚卸資産として管理をします。もはや廃車処分にせざるを得ないような価値のない自動車であれば、下取価額すべてが売上値引ということになります。

38 工事損失引当金を計上した工事の未成工事支出金に対する評価損の計上の可否

Q 会計上、請負工事につき損失が生じると見込まれる場合には、工事損失引当金を設定すべきであるとされており、これは棚卸資産である未成工事支出金に対する評価損とも考えられます。

　税務上、未成工事支出金も棚卸資産であると思われますが、棚卸資産として評価損を計上することが認められますか。

A 仮に赤字工事で会計上工事損失引当金を計上する場合であっても、その未成工事支出金について、評価損を計上することはできないものと考えます。

解 説

(1)　法人が建物や船舶、設備などの建設・造船工事を請負った場合、完成引渡しまでに発生する材料費、労務費、外注費その他の経費で工事原価になるものは、未成工事支出金として処理します。この「未成工事支出金」は、税務上、「仕掛品（半成工事を含む。）」として棚卸資産に該当します（法法2二十、法令10）。

(2)　会計上、工事契約は、一定の期間にわたり履行義務（顧客との契約において財またはサービスを顧客に移転する約束）が充足されるものですから、履行義務の充足に係る進捗度を見積もり、その進捗度に基づき収益を一定の期間にわたり認識します（収益認識会計基準38項、41項）。そして、工事原価総額が工事収益総額を超過する可能性が高く、かつ、その金額を合理的に見積もることができる場合には、その超過すると見

込まれる額（工事損失）を工事損失引当金に計上しなければなりません（収益認識会計基準適用指針90項、〔設例30〕）。

(3)　そこで、未成工事支出金は棚卸資産に該当し、会計上、赤字工事であるため工事損失引当金を計上することからすれば、税務上、未成工事支出金に対して評価損の計上ができるのではないか、という疑問が生じます。

　税務上、棚卸資産に対する評価損は、①災害により著しく損傷したこと、②著しく陳腐化したこと、③①または②に準ずる特別の事実（破損、型崩れ、たなざらし、品質変化等により、今後通常の方法では販売できないようになったこと等）が生じたことにより、その時価が帳簿価額を下回ることとなった場合に計上することができます（法法33②、法令68①一、法基通9－1－5）。

(4)　未成工事支出金は棚卸資産に該当するとはいえ、その実体は工事完成までの経過的な費用の固まりにすぎません。未成工事支出金には上記(3)のような事由は生じませんし、赤字工事であるということは、請負金額や工事原価の見込み違いであるといえます。未成工事支出金はそもそも評価損になじまないといえましょう。

　また、会計上の工事損失引当金は、必ずしも未成工事支出金の評価の問題ではなく、工事損失の前倒し計上をするものであるといえます。

　したがって、仮に赤字工事であっても、その未成工事支出金について、評価損を計上することはできないものと考えます。

39 建設中の分譲マンションにつき低価法により評価損を計上することの可否

Q 建設中の分譲マンションは、土地の仕入価額が高かったことなどもあり、完成後に完売しても赤字になることが見込まれるため、公認会計士から時価評価を行い評価損を計上すべきであると指摘されています。

もし会計上評価損を計上したら、その評価損は税務上も認められるでしょうか。

A 公認会計士から監査上お墨付きをもらった時価、つまり正味売却価額は、理論的には税務上でも認められますので、評価損の計上は可能ですが、実務的には売価や原価、販売費などの見積りの合理性の担保が難しく、評価損の計上はかなり困難な問題だと考えられます。

解説

(1) 会計上、棚卸資産は、取得原価をもって貸借対照表価額とするのが原則です。ただし、期末における正味売却価額が取得原価よりも下落している場合には、その正味売却価額をもって貸借対照表価額としなければなりません（棚卸資産会計基準7項）。

その「正味売却価額」とは、売価から見積追加製造原価と見積販売直接経費を控除したものをいいます（棚卸資産会計基準5項）。

また、販売用不動産等の開発事業等支出金の正味売却価額は、次の算式により算定されます（日本公認会計士協会・平成12.7.6「販売用不動産等の評価に関する監査上の取扱い」2(2)）。

115

$$\begin{array}{c}\text{開発事業等支出金} \\ \text{の正味売却価額}\end{array} = \begin{array}{c}\text{完成後} \\ \text{販売見込額}\end{array} - \left(\begin{array}{c}\text{造成・建築工事原価} \\ \text{の今後発生見込額}\end{array} + \begin{array}{c}\text{販売経費等} \\ \text{見込額}\end{array}\right)$$

(2)　一方、税務上は、期末棚卸資産を時価で評価する方法として低価法が
あります。その「低価法」は、取得価額を基礎に原価法により評価した
金額とその事業年度の終了時における価額（時価）とのいずれか低い価
額で評価する方法です（法令28①二）。

平成19年度の税制改正において、低価法の時価を「当該事業年度終了
の時におけるその取得のために通常要する価額」（再調達価額）から
「当該事業年度終了の時における価額」とする改正が行われました（法
令28①二）。この税制改正の趣旨は、会計上と税務上の時価を一致させ
ることにあります。

そのため、税務上の低価法における時価も、売却可能価額から見積追
加製造原価と見積販売直接経費を控除した「正味売却価額」によります
（法基通5－2－11）。

その意味では、公認会計士から監査上お墨付きをもらった時価つまり
正味売却価額は、基本的に税務上でも認められるでしょう。

(3)　そこで、税務上、棚卸資産の評価方法につき低価法を採用し、建設中
の分譲マンションの売価や原価、販売費などの見積りが合理的である限
り、理論的には建設中であっても評価損の計上はできるものと考えます。

ただ、実務的には、建設中のマンションは売価も予定販売価格である
ことが多いなど、売価や原価、販売費などの見積りの合理性の担保が難
しく、評価損の計上はかなり困難な問題です。売価や原価、販売費など
の見積りの合理性を説得的に説明できるよう用意する必要があります。

(4)　なお、会計上は切放し低価法（前期に計上した簿価切下額を当期に戻
入れない方法）も認められていますが（棚卸資産会計基準14項）、税務

116

上は平成23年6月の税制改正により切放し低価法は廃止されました（旧法令28②）。税務上は、当期に損金算入された評価損は、翌期には棚卸資産の取得価額に振り戻して、改めて期末時価との比較を行わなければなりません。

40 事業会社が土地、建物を棚卸資産とすることの可否と時価の算定方法

Q 会計上、棚卸資産については強制評価減が適用されることもあり、事業会社が保有する土地、建物のうち不要になり売却を予定しているものは、固定資産から棚卸資産に振り替えました。

税務上も、不動産業以外の事業会社が有する土地、建物を棚卸資産とすることができるでしょうか。

もし、棚卸資産にすることができるとした場合には低価法の採用ができると思われますが、その時価はどのように算定したらよいでしょうか。

A 不動産業以外の事業会社が保有する土地、建物であっても、それが売却を目的とするものである限り、棚卸資産として低価法を採用することができ、その期末時価は企業会計と同様に、正味売却価額として算定します。

解　説

(1)　会計上、棚卸資産は、取得原価をもって貸借対照表価額とするのが原則です。ただし、期末における正味売却価額が取得原価よりも下落している場合には、その正味売却価額（売価から見積追加製造原価と見積販売直接経費を控除した額）をもって貸借対照表価額としなければなりません（棚卸資産会計基準5項、7項）。これは、一般に棚卸資産の強制評価減といわれます。

販売用不動産についても、正味売却価額により評価しますが、その正

味売却価額は、次の算式により算定されます（日本公認会計士協会「販売用不動産等の評価に関する監査上の取扱い」2(2)）。

$$\begin{array}{l}\text{販売用不動産の}\\\text{正味売却価額}\end{array}=\text{販売見込額}-\text{販売経費見込額}$$

(2)　税務上、棚卸資産とは、商品、製品、半製品、仕掛品、原材料その他の資産で棚卸しをすべきものをいいます（法法2二十、法令10）。つまり、期末時に棚卸しを行って期末有高と金額を確認し、売上原価計算によって費用化していく性質の資産のことです。もちろん減価償却によって費用化をすることはできません。

　この棚卸資産は、どのような法人が保有しているかを問いません。不動産業以外の事業会社が保有する土地、建物であっても、それが売却を目的とするものである限り、商品ですから、棚卸資産に該当します。

(3)　ただ、ご質問のように、従来固定資産として使用していたものを棚卸資産とする場合には、単に帳簿書類の上だけで振り替えればよいのか、といった問題があります。その問題をクリアするためには、ご質問のように、会計上、固定資産から棚卸資産に振り替え、減価償却を中止することはいうまでもありません。そのほか、土地、建物の使用目的の変更の経緯や対外的な売却の意思表示、売却のための努力などを明確にする必要がありましょう。

(4)　このような問題をクリアして棚卸資産であることになれば、土地、建物であっても期末評価方法につき低価法を採用することができます。その「低価法」は、取得価額を基礎に原価法により評価した金額とその事業年度の終了時における価額（時価）とのいずれか低い価額で評価する方法です（法令28①二）。

　この「その事業年度の終了時における価額」（期末時価）は、期末時

にその棚卸資産を売却するものとした場合に通常付される価額によります。具体的には、売却可能価額から見積追加製造原価（未完成品に限る）と見積販売直接経費を控除した「正味売却価額」として算定します（法基通5－2－11、Q39参照）。

　これは、会計上の棚卸資産の強制評価減における正味売却価額と同じです。その意味では、会計上合理的に算定された時価（正味売却価額）は、基本的に税務上でも認められるものと考えます。

41 新型コロナの影響により需要が激減した商品土地・建物に評価損を計上することの可否

> **Q** 不動産販売会社のなかには、新型コロナウイルスの影響による外出自粛や訪日外国人の減少により、特に不動産投資の需要が急激に悪化し、価額が下落した外国人投資家向けの投資用ホテルやマンションを抱えているところがあります。
>
> このような、投資用ホテルやマンションについて、評価損を計上する余地があるでしょうか。

A 新型コロナウイルスの影響による外出自粛や訪日外国人の減少により、その価額が急落し、新型コロナウイルスの終息も見通せないなか、今後価額の回復が見込まれないとすれば、評価損が計上できる余地はあるものと考えますが、土地や建物という特性上、時価の下落幅や今後の時価の回復可能性など慎重な判断が必要でしょう。

解 説

(1) 税務上、棚卸資産とは、商品、製品、半製品、仕掛品、原材料その他の資産で棚卸しをすべきものをいいます（法法2二十、法令10）。土地や建物であっても、販売目的で保有している限り、固定資産ではなく、棚卸資産に該当します。

土地にあっては、営業過程において販売する目的をもって所有する土地は、その法人にとって商品の性質を有するものですから、棚卸資産に該当するといえましょう（審判所裁決 平26.12.1裁決事例集未搭載）。

ご質問にあるような、不動産販売会社が、外国人投資家向けに保有す

る投資用ホテルやマンションは棚卸資産となります。

　その投資用ホテルやマンションに評価損を計上するとすれば、棚卸資産としてその可否を判定することになります。棚卸資産と固定資産の評価損の計上事由は大きく異なっています。棚卸資産に対する評価損の計上は、固定資産のそれと異なり、必ずしもその資産自体に物理的、客観的な事情が生じている場合に限られません。経済的な環境の変化等に伴って、今後通常の価額では販売できないことが明らかである場合も、評価損の計上ができます。

(2)　すなわち、法人の有する棚卸資産が著しく陳腐化し、その時価が帳簿価額を下回ることとなった場合には、評価損の計上が認められます（法法33②、法令68①一）。この場合の「陳腐化」とは、棚卸資産そのものには物質的な欠陥がないにもかかわらず、経済的な環境の変化に伴ってその価値が著しく減少し、その価額が今後回復しないと認められる状態にあることをいいます。具体的には、たとえば、いわゆる季節商品で売れ残ったものについて、今後通常の価額では販売できないことが過去の実績等に照らして明らかである場合が該当します（法基通9－1－4）。

　また、たとえば、破損、型崩れ、たなざらし、品質変化等により通常の方法によって販売することができないようになった場合には、評価損の計上が認められます（法基通9－1－5）。

(3)　ご質問の外国人投資家向け投資用ホテルやマンションについて、新型コロナウイルスの影響による外出自粛や訪日外国人の減少により、その価額が急落し、新型コロナウイルスの終息も見通せないなか、今後価額の回復が見込まれないとすれば、評価損が計上できる余地はあるものと考えます。

　また、長期間売れ残りの状態になれば、破損や汚れ、きずなどが生じ、

価額は下落するかもしれません。

　このようにして評価損を計上する場合の時価は、その資産がそのまま使用収益されるものとした場合の通常の譲渡価額をいいます（法基通9－1－3）。

　ただ、棚卸資産であっても土地や建物という特性上、時価の下落幅や今後の時価の回復可能性など慎重な判断が必要でしょう。特に、土地や建物は右から左にすぐ売れるようなものではなく、売却まである程度の期間を要し、それを前提に保有している面もあることに留意を要します。

(4)　なお、棚卸資産の評価方法として「低価法」を採用している場合には、土地や建物であっても商品である限り、期末時価が低下していれば、結果として評価損が認識されます。この場合の期末時価は、期末時においてその商品を売却するものとした場合に通常付される価額、すなわち「売却可能価額」をいいます。具体的には、通常、商品として売却するものとした場合の売却可能価額から見積販売直接経費を控除した正味売却価額として算定します（法基通5－2－11）。これは、上記(3)の評価損を計上する場合の時価と異なっていますから留意が必要です。

　低価法による評価損の認識は、その時価の下落事由などを問わず、時価が下落している限り、その適用ができます。新型コロナウイルスの終息が見通せないとすれば、原価法から低価法への変更を検討するのがよいかもしれません。ただ、現によっている原価法を採用してから、原則として3年以上経過していることを要します（法令30③、法基通5－2－13）。

42 棚卸資産の低価法の適用による評価損の損金経理要件の有無

Q 棚卸資産の期末評価方法として低価法を採用した場合、その低価法の適用による評価損の額は、売上原価に含めて表示しますが、損金経理がされていないとして否認されるようなことはないでしょうか。

A 棚卸資産の低価法の適用による評価損の額は、当然売上原価に含めて表示されますから、損金経理がないとして否認されるようなことはありません。

解説

⑴　税務上、保有する資産につき「物損等の事実」と「法的整理の事実」が生じたことによる評価損の損金算入は、損金経理が要件です（法法33②、法令68①）。ここで「損金経理」とは、確定した決算において費用または損失として経理することをいいます（法法２二十五）。

　　そこで、仮に評価損の額が1,000である場合には、次のような経理処理をすべきことになります。

　　棚卸資産評価損　1,000　／　棚卸資産　1,000

⑵　一方、棚卸資産の期末評価方法として低価法を採用していれば、同じように評価損が損金算入されます。しかし、低価法の適用による評価損の損金算入については、格別損金経理要件は付されていません。

　　低価法はあくまでも期末棚卸資産の評価方法の一つですから、低価法を適用すれば、期末棚卸資産の評価額が低くなる結果、売上原価が大き

くなります。つまり、低価法の適用による評価損は、次のような経理処理をすることになり、売上原価に含まれて損金の額に算入されます。

　　仕　　入　1,000　／　棚卸資産　1,000

(3)　このように、低価法の適用による評価損の額は、当然売上原価に含めて表示されますから、損金経理がないとして否認されるようなことはありません。

　　これに対し、上記(1)の事実が生じたことにより評価損を計上する場合、上記(2)のように、　評価損の額を期末棚卸資産の評価額から直接減額して、売上原価に含めたときは、損金経理がないとして、問題になる可能性があります（Q2参照）。

(4)　ただ、企業会計では、品質低下・陳腐化評価損と低価法評価損とは、発生原因は相違するものの、時価の下落に伴い収益性が低下するという点では同じであるから、それぞれに区分する意義は乏しいといわれています（棚卸資産会計基準39項）。

　　そのような考え方からしますと、税務上のような経理処理の違いは問題にならないということになりましょう。

43 棚卸資産に対する低価法の適用による評価損の原価性の有無

> **Q** 従来、棚卸資産の低価法の適用による評価損は製造原価に算入する必要はないとされていましたが、平成20年7月2日付の法人税基本通達の改正により、製造原価に算入すべきこととされました。
>
> その場合、企業会計と同様に、製造に関連し不可避的に発生すると認められる評価損のみ原価性があると考えてよいでしょうか。

A 会計上、製造に関連して不可避的に発生する評価損であり、製造原価性があると判断されたものが、税務上も製造原価性があるとして処理してよいものと考えます。

解　説

(1)　会計上、棚卸資産について簿価切下げを行った場合、その簿価切下額が、①収益性の低下によるときには売上原価とします。しかし②棚卸資産の製造に関連して不可避的に発生するときには製造原価として処理します（棚卸資産会計基準17項）。

　　売上原価として処理すれば、当期の売上に対応する原価として費用化されます。しかし、製造原価として処理するとすれば、たとえばその製品が期末在庫になっている場合には、いったん簿価を切下げた棚卸資産の期末評価額に評価損の額が加算され、当期には費用化できないことになります。

(2)　一方、税務上は、従来、棚卸資産の低価法の適用による評価損は、製造原価に算入しなくてよい取扱いになっていました（旧法基通5－1－

126

4 (7))。ところが、この製造原価に算入しなくてよい旨の取扱いが、平成20年7月2日付の通達改正で削除されました。この改正は、上記(1)の企業会計の処理と平仄を合わせるためのものです。

(3)　そこで、棚卸資産の市場価額の下落や陳腐化、破損、型崩れ、たなざらしなど、販売過程で生じた事象による評価損は、会計上の収益性の低下によるものといえましょう。このような簿価切下額（評価損）を売上原価（費用）として処理することは、当然税務上も認められます。

　　これに対し、低価法の適用による評価損が原価性を有する場合には、製品の製造原価に算入しなければなりません。この考え方は会計上も税務上も同じです。

(4)　ただ、税務上は製造原価に算入すべき評価損の範囲に関して明確な取扱いはありません。この点、会計上の製造に関連して不可避的に発生する評価損というのは、製造当初から経常的に発生が見込まれるものを予定していると考えられます。たとえば、製品製造用の原材料などの品質低下による評価損です。

　　このようにして、会計上、製造原価性があると判断されれば、税務上もそれに従ってよいものと考えます。

44 短期売買商品に対する時価法の適用による評価損益の処理

Q 棚卸資産については低価法の採用が認められ、時価が低下していれば、期末時価で評価し、評価損の損金算入ができます。

ところが、棚卸資産であっても、金や銀、白金などで短期的に売買して利鞘を稼ぐようなものについては時価法が適用されるとのことですが、低価法と時価法はどう違うのでしょうか。

A 短期売買商品には時価法が適用されますが、時価法は①評価損とともに評価益も計上されること、②時価は価格公表者から公表された最終価格を基準とすること、③評価損益は翌期に洗替えを行うこと、といった点が低価法と異なります。

解　説

(1)　当期の損金算入が認められる、売上原価を算定する基礎となる期末棚卸資産の価額は、原価法（個別法、先入先出法、総平均法、移動平均法、最終仕入原価法、売価還元法）または低価法により評価した金額とするのが原則です（法法29）。

　ここで「低価法」とは、原価法により評価した価額と期末における時価とのいずれか低い価額をもって評価額とする方法をいいます（法令28①二）。この場合の「時価」は、期末時においてその棚卸資産を売却するものとした場合の通常の価額（正味売却価額）によります（法基通5－2－11、Q39参照）。

　低価法は原価と時価とのいずれか低い価額で評価しますから、評価益

128

が生じることはありません。常に評価損が生じることになります。

(2)　このような期末棚卸資産の評価の原則に対し、短期売買商品にあっては、時価法が適用されます。ここで「短期売買商品」とは、金、銀、白金その他の資産のうち、市場における短期的な価格の変動または市場間の価格差を利用して利益を得る目的（短期売買目的）で取得したものをいいます（法法61①）。具体的には、①短期売買目的で行う取引に専ら従事する者が短期売買目的で取得をしたもの（専担者売買商品）および②その取得の日において短期売買目的で取得したものである旨を帳簿書類に記載したもの（専担者売買商品を除く）をいいます（法令118の4①一、法規26の7、法基通2-3-66、2-3-67）。トレーディング目的で取得した金、銀、白金その他の資産のことです。

(3)　また「時価法」とは、期末時の時価をもってその評価額とする方法です（法法61②）。この場合の「時価」とは、①価格公表者によって公表された最終価格または②価格公表者によって価格を公表される短期売買商品またはこれに類似する商品の最終価格に所要の調整を加えた価格をいいます（法令118の8）。

　時価法は、期末時の時価をもって評価額としますから、評価損のみならず、評価益も計上されます。その評価損益は損金または益金に算入され課税の対象にしなければなりません（法法61③）。この点が、評価損しか計上されない低価法と異なります。また、期末時価の考え方も違っています。

(4)　一般事業会社が、上記(2)①の専担者売買商品とするため、短期売買の専担者を置くのは難しいかもしれません。しかし、帳簿書類において短期売買目的で取得した商品の勘定科目をその他の商品の勘定科目と区分すれば（法規26の7）、上記(2)②の短期売買商品とすることができます。

　このようにして、短期売買商品に該当するようにすれば、時価法により期末時価で評価しますから、評価損の額を損金算入することができます。

　ただし、短期売買商品の時価法の適用に当たっては、上述のとおり、低価法と違って評価益が生じること、時価法の適用により損金算入した評価損または益金算入した評価益は、翌期には戻し入れる必要があることに留意しなければなりません（法令118の9①）。

　なお、暗号資産（資金決済に関する法律2条5項に規定する暗号資産）についても、短期売買商品と同様に取り扱います（法法61）。

四　有価証券の評価損

四　有価証券の評価損

<関係法令・通達等>

1　法人の有する有価証券について、原則として評価損の計上はできないが（法法33①）、①物損等の事実（次に掲げる事実が生じたことによりその資産の時価が帳簿価額を下回ることとなったこと）又は②法的整理の事実（更生手続の評定が行われることに準ずる特別の事実）が生じた場合には、評価損の計上ができる（法法33②、法令68①二）。

(1)　市場有価証券等の価額が著しく低下したこと。

(2)　非市場有価証券および売買目的有価証券について、その発行法人の資産状態が著しく悪化したため、その価額が著しく低下したこと。

(3)　上記(2)に準ずる特別の事実

2　上記1(1)(2)の「その価額が著しく低下した場合」とは、その有価証券の期末における価額がその期末の帳簿価額のおおむね50％相当額を下回ることとなり、かつ、近い将来その価額の回復が見込まれないことをいう（法基通9－1－7、9－1－11）。

(注)1　この50％基準の判定に当たり、「その他有価証券」にあっては、期末前1月間の市場価額の平均額によることができる。

　　　2　「近い将来の価額の回復可能性」の判断は、過去の市場価格の推移、発行法人の業況等を踏まえ、その期末時に行う（法基通9－1－7(注)2）。

3　上記1(1)の「市場有価証券等の価額」は、市場価格（法令119①一〜四、法基通2－3－30〜2－3－32）による（法基通9－1－8）。

4　上記1(2)の「資産状態が著しく悪化したこと」とは、①その発行法人に特別清算開始や破産、再生、更生の手続開始の事実が生じたこと又は②期末時の1株（1口）当たりの純資産価額が取得時の1株（1口）当たりの純資産価額のおおむね50％以上下回ることとなったことをいう

（法基通9－1－9）。

5　外国有価証券につきその発行法人の資産状態が著しく悪化したかどうかの判定は、原則として、その取得日と期末日における外貨表示の1株（1口）当たりの純資産額を比較して行う。ただし、物価変動率が著しい場合には、物価変動率を合理的に勘案してその判定をすることができる（法基通9－1－10）。

6　株式の増資払込みをした場合には、仮にその株式の発行法人が増資の直前において債務超過の状態にあり、かつ、その増資後においてなお債務超過の状態が解消していないとしても、その増資後の株式については、評価損の計上事実はないものとする。ただし、その増資から相当期間経過後において改めて評価損の計上事実が生じた場合には、この限りでない（法基通9－1－12）。

7　特定関係子会社から受ける配当等の額がその子会社株式の帳簿価額の10％相当額を超える場合には、その配当等の額のうち益金不算入額相当額は子会社株式の帳簿価額から減額することを要するが（法令119の3⑦、119の4①）、その子会社株式に評価損を計上する場合の帳簿価額は、その減額後の帳簿価額となる（法基通9－1－12の2）。

8　市場有価証券等以外の株式に評価損を計上する場合の時価は、次の区分に応じそれぞれ次による（法基通9－1－13）。

⑴　売買実例のある株式　期末前6月間における売買のうち適正なものの価額

⑵　公開途上にある株式で、上場に際して公募等がされるもの　金融商品取引所の内規により行われる入札後の公募等の価格を参酌して通常取引されると認められる価額

⑶　類似法人の売買実例がある株式　その売買実例価額に比準して推定

133

　　した価額

⑷　(1)から(3)までに該当しない株式　期末日又は同日に最も近い日にお
　　ける、その発行法人の期末時の１株当たりの純資産価額等を参酌して
　　通常取引されると認められる価額

9　市場有価証券等以外の株式（上記8(1)(2)に該当するものを除く）につ
　　いては、財産評価基本通達（昭和39.4.25直資56、直審（資）7）の例に
　　よって算定した価額を時価とすることができる。ただし、その発行会社
　　が土地又は上場有価証券を有する場合には、その土地等は適正時価によ
　　ることなど、所要の調整を行う（法基通9－1－14）。

10　企業支配株式等（法令119の2②二）の取得が、その発行法人の企業
　　支配を目的とするときは、その企業支配株式等の時価は、その株式の通
　　常の価額に企業支配の対価の額を加算した金額とする（法基通9－1－
　　15）。

11　再生計画認可の決定により評価損を計上する場合の時価は、同決定に
　　より評価益を計上する場合の時価の算定方法（法基通4－1－4～4－
　　1－7）を準用して算定する（法基通9－1－15の2）。

12　上場株式について、法人の側から、過去の市場価格の推移や市場環境
　　の動向、発行法人の業況等を総合的に勘案した合理的な判断基準が示さ
　　れれば、その基準は尊重されるが、監査対象法人にあっては、株価の回
　　復可能性の判断基準として一定の形式基準を策定し、税効果会計等の観
　　点から、監査法人からその合理性についてチェックを受けて、継続的に
　　使用するのであれば、税務上その基準に基づく損金算入の判断は合理的
　　なものとして認められる（国税庁・平成21.4「上場有価証券の評価損
　　に関するQ&A」）。

45 株式に対する会計上の減損損失と税務上の評価損との計上時期の相違の是非

Q 過去10年来保有する上場株式の発行会社の業績が急速に悪化し、その株式の時価が下落したことに伴い、会計上は減損損失を認識しましたが、税務上は自己否認している上場株式があります。

この場合、その上場株式の時価が50％以上下落し、将来の回復可能性もないため、税務上、評価損を計上しようとするとき、過去からそのような状況があったと認定され、当期の評価損としては認められない、というようなことがあるでしょうか。

A 評価損の計上については、一次的には法人の意思が尊重され、ある程度弾力的であってよいと考えられ、会計上、減損損失を認識したからといって、税務上、当然に評価損を計上すべきである、ということにはなりません。

解説

(1) 会計上、上場株式について、時価が取得原価に比べて50％以上下落した場合には、回復する見込みがあると認められるときを除き、減損処理を行います。

しかし、この場合だけに限らず、上場株式の時価の下落率がおおむね30％以上50％未満である場合にも、会社が自主的に時価が「著しく下落した」と判断するための合理的基準を設けて、その基準に基づき回復可能性を判断し、回復可能性がないとすれば、減損処理をしなければなりません（企業会計審議会・平成11.1.22「金融商品に関する会計基準」

135

20項、日本公認会計士協会・平成12.1.31「金融商品会計に関する実務指針」91項）。企業会計の考え方は、保守的であるといえましょう。

(2)　これに対し、税務上は、上場株式の①期末時価が帳簿価額のおおむね50％相当額を下回り、かつ、②近い将来時価の回復が見込まれなければ評価損の計上は認められません。この50％相当額を下回るかどうかの判定に当たって、「その他有価証券」については、期末以前１月間の市場価格の平均額によることもできます（法法33②、法令68①二イ、法基通９−１−７）。そして、評価損は、これらの事実が生じた事業年度において計上します。

　　上場株式の時価の下落率がおおむね30％以上50％未満である場合には、税務上は評価損の計上は認められません。税務上の考え方の方が厳格である、といえましょう。

(3)　このように、会計上の減損損失と税務上の評価損は、基本的な考え方や計上事由に相違があり、両者の計上時期が異なることはあり得ます。

　　また、上記(2)のとおり、税務上、株式の評価損の計上には、実質基準として近い将来の時価の回復見込みの判断や形式基準として損金経理要件（評価損の損金算入のためには、確定決算において費用または損失として経理すること）があります（法法33②）。

　　これらの諸点からみて、資産に対する評価損は、その計上事由の発生や金額が客観的、明示的でなく、計上時期や金額は一義的に定まりません。それゆえに、評価損の損金算入は、損金経理が要件とされています。

(4)　したがって、実務上の評価損の計上については、一次的には法人の意思が尊重され、ある程度弾力的であってよいものと考えます。会計上、減損損失を認識したからといって、税務上当然に評価損を計上すべきである、ということにはなりません。

　ただ、評価損の対象資産や計上時期、金額などを操作して恣意的に評価損の計上を行い、利益調整の具にすることは厳に慎むべきであるといえましょう。

《参考裁決例》

○　1　法人税法施行令第68条《資産の評価損の計上ができる場合》第2項第2号イに定める「有価証券の価額が著しく低下したこと」の具体的判断基準として、法人税基本通達9－1－7が、当該有価証券の当該事業年度終了の時における価額がその時の帳簿価額の概ね50パーセント相当額を下回ることとなり、かつ、近い将来その価額の回復が見込まれないことをいうものとする旨定めていることは、有価証券の評価損の損金算入要件として合理性がある。

　　2　本件の場合、請求人の有するN銀行株式の本件事業年度終了の時における価額は、帳簿価額に比して約40.21パーセント下落しているが、その後、N銀行の株価は上昇していること、N銀行の経常収益、預金、貸出金、一株当たりの純資産価額、自己資本比率等は、いずれも増加又は上昇していること、前期及び当期において債務超過の事実もないことから、「有価証券の価額が著しく低下したこと」には該当しないものと認めるのが相当である（審判所裁決　平成8.6.25　裁決事例集No.51　324頁）。

46 新型コロナの影響により所有株式の価額が下落した場合の評価損の計上の可否

> **Q** 法人の有する非上場株式の発行会社が、新型コロナウイルスの影響により急激に業績が悪化し、その株式の価額が帳簿価額の50％相当額を下回りました。
>
> 　新型コロナウイルスの終息の見通しもたたず、今後、業績の回復も見込めませんので、この株式について評価損を計上することができるでしょうか。

A その株式の発行会社が従来から業績不振で株価は低迷していたところ、新型コロナウイルスの影響で株価の下落が決定的になった、というようなときは、評価損の計上は認められるものと考えますが、その流行前は経営状況に何ら問題なく、株価の下落は新型コロナウイルスの影響によるとはいえ、一時的なものであるようなときは、評価損の計上は慎重に行う必要があります。

解　説

(1)　法人の有する非上場有価証券について、その発行法人の資産状態が著しく悪化したため、その価額が著しく低下したことにより、その有価証券の時価が帳簿価額を下回るようになった場合には、評価損の計上が認められます（法法33②、法令68①二ロ）。

　この場合の「資産状態が著しく悪化したこと」とは、①その発行法人に特別清算開始や破産、再生、更生の手続開始の事実が生じたことまたは②期末時の１株（１口）当たりの純資産価額が取得時の１株（１口）

138

当たりの純資産価額のおおむね50％以上下回ることとなったことをいいます（法基通9－1－9）。

　また、「その価額が著しく低下した場合」とは、その有価証券の期末における価額がその期末の帳簿価額のおおむね50％相当額を下回ることとなり、かつ、近い将来その価額の回復が見込まれないことをいう、と取り扱われます（法基通9－1－7、9－1－11）。

　さらに、上記のような事実（法令68①二ロ）に「準ずる特別の事実」が生じた場合も、評価損の計上ができる事実として認められています（法令68①二ハ）。この場合の「準ずる特別の事実」とは、その有価証券の発行法人の資産状態以外の、その価額の変動を生じさせる災害に準ずるような「特別の事実」が生じたことにより、その価額が著しく低下し、かつ、その価額の回復の見込みがないような場合をいう、と解するものがあります（審判所裁決　平成27.5.20　裁決事例集No.99　245頁）。

⑵　そこで、ご質問の場合、その非上場株式の発行会社が従来から業績不振で株価は低迷していたところ、新型コロナウイルスの影響が追い打ちをかけ、株価の下落が決定的になった、というようなときは、評価損の計上が認められるものと考えます。

　あるいは、上記審判所の裁決例に従い、新型コロナ禍を災害に準ずるような「特別の事実」とみて、新型コロナウイルスが猛威をふるい、その終息の兆しがみえないため株価が急落し回復の見込みもないとすれば、「準ずる特別の事実」が生じたものとして、評価損を計上する余地があるでしょう。

　評価損を計上する場合の株価については、財産評価基本通達の例によって算定した価額とすることができますが、その発行会社が土地または上場有価証券を有する場合には、その土地、上場有価証券は適正時価に

よることなど、所要の調整を行います（法基通9－1－14）。

(3)　ただ、その株式の価額が帳簿価額の50％相当額を下回ったとしても、新型コロナウイルスの流行前は経営状況に何ら問題なく、株価の下落は新型コロナウイルスの影響による一時的なもので、その終息後には株価の回復が見込まれるようであれば、評価損の計上は慎重に行う必要があります。

　　もっとも、新型コロナウイルスの終息や経済活動の再開、活発化は予断を許さないところであり、業績悪化はほぼ固定的で、近い将来の株価の回復は見込めないという判断もあり得るものと考えます（Q53参照）。

《参考裁決例》

○　法人税法施行令68条1項2号ハの「ロに準ずる特別の事実」とは、同号ロとは異なる原因、すなわちその有価証券を発行する法人そのものの資産状態以外の当該有価証券の価額の変動を生じさせる客観的な要素について、災害に準ずるような何らかの「特別の事実」が生じたことにより、当該有価証券の価額が著しく低下し、かつ、その価額の回復の見込みがないような場合を指すものと考えられる（審判所裁決　平成27.5.20　裁決事例集No.99　245頁）。

47 会計上の固定資産たる有価証券に対する有価証券としての評価損計上の可否

> **Q** 会計上、関係会社株式や出資金は、「投資その他の資産」に該当し、固定資産として処理されますが、税務上、評価損を計上する場合にも、固定資産としてその計上の可否を判定するのでしょうか。
>
> また、評価損の計上対象になる出資金には、匿名組合出資が含まれるでしょうか。

A 税務上、関係会社株式や持分会社、協同組合等の出資金は「有価証券」として評価損の計上の可否を判断しますが、匿名組合出資は有価証券に該当しません。

解　説

(1)　ご質問にあるとおり、会計上、関係会社株式や出資金は、「投資その他の資産」に含まれ固定資産として取り扱われます（会社計算規則74②③四、財務諸表等規則ガイドライン31）。

　　一方、税務上、「有価証券」とは、金融商品取引法2条1項に規定する有価証券その他これに準ずるものをいいます（法法2二十一、法令11）。

　　関係会社株式も株式ですから、金融商品取引法に規定する有価証券として有価証券に該当します。また、持分会社（合名会社、合資会社、合同会社）の社員持分、協同組合等の組合員または会員の持分その他法人の出資者の持分は、有価証券に含まれます（法令11三）。

⑵　したがって、関係会社株式や出資金は、会計上は固定資産であっても、税務上は有価証券ですから、有価証券として評価損の計上の可否を判断します。

　これに対して、会計上、匿名組合への出資は、組合財産の持分相当額を出資金として計上しますが（金融商品会計基準実務指針132）、有価証券ではありませんので、評価損の計上はできません。匿名組合営業について生じた損失の額は、現実に損失の負担をしていない場合であっても、匿名組合契約により負担すべき部分の金額を計算期間の末日の属する事業年度の損金の額に算入します（法基通14－1－3）。

⑶　なお、証券会社等が有する販売用株式も、棚卸資産ではなく、有価証券に該当します。税務上、棚卸資産の範囲から有価証券は除かれているからです（法法2二十）。

48 協同組合の出資金と加入金に対する評価損の計上の可否

Q 同業者で組織する協同組合に加入する際に、出資金と加入金を支払いました。その加入金は、当該協同組合は歴史が古く、単に1口当たりの金額を出資するだけでは、既存の組合員との権衡がとれないことから、支払ったものです。その加入金を支払わなければ、組合員となることはできません。

　最近、この協同組合の経営状況が悪化し、債務超過の状態になっていますので、評価損の計上を考えています。

　この場合、出資金と加入金は一体の有価証券として、評価損の計上の可否を判断することになるのでしょうか。それとも、出資金は評価損の計上対象になるが、加入金は有価証券ではないとして、その計上対象から除外されるのでしょうか。

A ご質問の加入金も有価証券であり、評価損の計上の可否判断や実際の評価損の計上は、出資金と加入金を一体として行い、どちらか一方だけに評価損を計上するようなことはできないものと考えます。

解　説

(1)　税務上、「有価証券」には、協同組合の組合員の持分その他出資者の持分が含まれます（法法2二十一、法令11三、Q47参照）。ご質問の協同組合に対する出資金は有価証券に該当しますから、評価損の計上対象にすることができます。

　問題は、加入金の性格です。協同組合が新たにその出資者となる者か

143

ら徴収した加入金の額は、その協同組合にあっては資本金等の額の増加として処理します（法令8①四）。この場合の「加入金」とは、法令・定款の定めまたは総会の決議に基づき新たに組合員となる者から出資持分を調整するために徴収するもので、これを拠出しないときは、組合員たる資格を取得しない場合のその加入金をいいます（法基通1－5－2）。

(2)　これを出資者の側からみると、その加入金が出資持分を調整するためのもので、これを拠出しなければ組合員になれないのであれば、出資金ということになりましょう。

　　ご質問の加入金は、1口当たりの金額の出資だけでは、既存の組合員との権衡がとれないことから支払ったもので、それを支払わなければ、組合員となることはできないというものです。したがって、ご質問の加入金は、出資金であると認められますから、評価損の計上対象にしてよいものと考えます。

(3)　その場合、出資金額と加入金額との合計額を有価証券の取得価額として付すことになります（法令119①二）。そのため、評価損の計上の可否判断や実際の評価損の計上は、出資金額と加入金額を一体として行います。出資金額だけ、または加入金額だけに評価損を計上するようなことはできません。

　　なお、ご質問の出資金額と加入金額は非上場有価証券ですから、①その協同組合の資産状態の著しい悪化と②時価の著しい低下の事実の有無により評価損の計上の可否を判断します（法令68①二ロ）。

49 打歩発行により取得した社債に対する評価損の計上の可否

Q 投資目的で額面価額より高い価額で社債を買い入れましたが、この社債は償還期限が5年後で、額面金額が償還されることになっています。

この社債の額面金額と買入価額との差額は、償還時には損失になりますから、償還期限までの間に評価損を計上して損金とすることはできないでしょうか。

A ご質問の社債は償還有価証券に該当すると認められ、その損失を評価損として損金算入することはできませんが、いわゆるアモチゼーションを行い、その損失は償還期間の経過に応じて損金算入をすることができます。

解説

(1) 社債をその額面金額よりも高い価額で発行することを「打歩発行」といい、逆に額面金額よりも低い価額で発行することを「割引発行」といいます。社債の額面金額に対する利回りの水準などにより、打歩発行あるいは割引発行が行われます。

その社債を買い入れた法人からすれば、打歩発行の場合には買入価額に満たない額面金額しか償還されませんから、額面金額と買入価額との差額につき損失が生じます。逆に割引発行の場合は、買入価額を超える額面金額が償還されますから、その差額は利益となります。

(2) 税務上、償還期限および償還金額の定めのある売買目的外有価証券を

145

「償還有価証券」といいます。その償還有価証券を有する法人における、打歩発行の場合の損失を「調整差損」、割引発行の場合の利益を「調整差益」と呼びます（法令119の14）。

　そこで、ご質問にあるように、打歩発行により買い入れた社債には調整差損が生じますから、その損失を評価損として計上することはできないか、という疑問があります。

(3)　結論から先にいえば、その調整差損を評価損として損金算入することはできません。ただし、その調整差損は、償還有価証券の償還期間の経過に応じて損金算入することができます。逆に償還差益は、その償還期間の経過に応じて益金算入をします（法令139の2）。その損金または益金の額に算入される調整差損または調整差益の額相当額は、その償還有価証券の帳簿価額から減算し、または帳簿価額に加算します（法令119の14）。

　これは、評価損益の計上と同じようですが、評価損益の問題ではなく、あくまでもいわゆるアモチゼーション（保有する債券の帳簿価額が償還金額を超える場合に償還日までの期間にわたって相当の減額をし帳簿価額を修正すること）ができるということです。

　ご質問の社債は償還有価証券に該当すると認められ、その損失を評価損として損金算入することはできませんが、償還期間の経過に応じて損金算入をすることができます。

50 期末に保有する自己株式に対する評価損の計上の可否

Q 今日、資金に余裕のある会社は、機動的な組織再編や株主への利益還元などのため、市場から自己株式を買入れ保有しています。

　この自己株式は物理的には株式ですから、有価証券として評価損を計上することができるでしょうか。

A 税務上、自己株式の取得は、資本金等の額の減少として処理されますから、期末に保有する自己株式であっても、評価損の計上の可否を議論する余地はありません。

解　説

(1)　自己が有する自己の株式を「自己株式」といいます（法法2二十一参照）。会計上、自己株式をたとえば1,000で取得した場合には、取得原価をもって次のような会計処理を行います（企業会計基準委員会・平成18.8.11「自己株式及び準備金の額の減少等に関する会計基準」7項）。

　自己株式　1,000　／　現金預金　1,000
　（純資産の部）

　そして、期末に保有する自己株式は、貸借対照表の「純資産の部」の株主資本の部の末尾に自己株式として一括して控除する形式で表示します（会社計算規則76②五）。

　その自己株式を、たとえば1,200で処分した場合には、次のように会計処理します。

147

現金預金　1,200　／　自己株式　　　　　1,000
　　　　　　　　　　　自己株式処分差益　　200
　　　　　　　　　　　（純資産の部）

⑵　一方、税務上は、市場から自己株式を買い入れた場合には、次のように処理します（法令8①二十）。

　　資本金等の額　1,000　／　現金預金　1,000

　　その後、その自己株式を1,200で譲渡した場合には、次のような処理を行います（法令8①一）。

　　現金預金　1,200　／　資本金等の額　1,200

　　平成18年度の税制改正前には、自己株式を取得した場合の取得価額（旧法令119①一）や譲渡した場合の譲渡損益の計算方法（旧法令61の2⑤）が規定され、必ずしも自己株式の資産性が完全に否定されることにはなっていませんでした。

⑶　この点が、平成18年度の税制改正により、上記⑵のように処理することとされました。すなわち、税務上は自己株式の取得は資本金等の額の減少、譲渡は資本金等の額の増加として処理します。これは自己株式の取得と譲渡は、減資と増資であると観念するもので、資本等取引として処理するということです。自己株式の資産性は否定されているといえましょう（法法2二十一）。

⑷　会計上の処理も、自己株式の取得は借方科目である資産の増加ではなく、貸方科目である純資産の部の減少として処理しますから、自己株式の資産性を認めているわけではないと考えられます。

　　したがって、期末に保有する自己株式であっても、評価損の計上の可否を議論する余地はありません。また、自社が自社の発行株式に対して評価損の可否を議論するというのも違和感があります。

51 同一銘柄の株式の取得時期等が異なる場合の時価の下落基準の判定方法

> **Q** 同一銘柄で取得時期と取得単価の異なる上場株式を有しており、評価損の計上の可否を判断するため、その取得時期別の取得価額を基礎に時価の50%下落基準を判定しますと、その基準を満たさないものがあります。
>
> この場合、その基準を満たさない取得時期の株式については、評価損の計上は認められないでしょうか。

> **A** 有価証券に対する評価損の計上の可否は、同一銘柄の有価証券全体の期末時価と帳簿価額とを比較して判定しますから、取得時期別・取得価額別に評価損の計上対象になったり、ならなかったりということはありません。

解 説

(1) 税務上、有価証券に対する評価損の計上の可否は、銘柄ごとに判定します（法基通9－1－1(5)、Q11参照）。

そして、上場株式に対する評価損は、期末の時価がその期末の帳簿価額のおおむね50％相当額を下回ることとなり、かつ、近い将来その時価の回復が見込まれない場合に計上することができます（法令68①二イ、法基通9－1－7）。

この場合の株式の期末の帳簿価額は、株式を取得した時期別の個々の帳簿価額（取得価額）を意味するものではありません。

(2) すなわち、法人が有価証券の1単位当たりの帳簿価額の算出方法とし

て選定している「移動平均法」または「総平均法」により算出し、平均化されたその株式全体の帳簿価額をいいます（法法61の2、法令119の2参照）。

移動平均法または総平均法は、有価証券の銘柄ごとに区分して適用しますから、銘柄ごとの取得価額の合計額ということになります。

(3)　したがって、同一銘柄の株式について、取得時期別・取得価額別に評価損の計上対象になったり、ならなかったりということはありません。同一銘柄の有価証券全体の期末時価と帳簿価額とを比較して、評価損の計上の可否を判定します。

もちろん、これは非上場株式であっても同じです。

《参考判例》

○　X社は、同一銘柄の株式の取得が2回以上ある場合には、その取得日ごとに当該株式の取得価額と期末時価とを比較して、期末時価が取得価額の概ね50％相当額を下回るか否かにより評価損の損金算入の可否を判断すべきである旨主張する。

しかしながら、X社がその根拠としている法基通9－1－9の(2)の注書1は、上記(1)の要件のうちの①の「有価証券の発行法人の資産状態が著しく悪化したこと」に関する通達であり、②の「有価証券の価額が著しく低下したこと」に関するものではないし、法人税法等が非上場有価証券についてX社主張のような評価方法を認めておらず、その合理性を認めるに足りる確たる証拠もない。既にみたとおり、帳簿価額の算出について法人税法が認めている非上場有価証券の評価の方法は、「総平均法」又は「移動平均法」であって、これらは、いずれも、種類及び銘柄の異なるものごとに区分し、その種類等を同じくするものについて、その1単位当たりの計

算をする方法であり、X社が主張するような同一銘柄のものを取得日ごとに区分して評価する方法は認められていない。したがって、主張は採用できない（東京高判　平成13.11.15　税資251号）。

52 評価損を計上する場合の上場株式における近い将来の時価の回復見込みの判断方法

Q 上場株式に対して評価損を計上する場合、近い将来の時価の回復見込みについて、時価が過去2年間にわたり著しく下落した状態になくても、たとえば過去1年間や6月間の平均株価が50％を下回っているような場合には、回復の見込みがないと判断してよいでしょうか。

A 会計監査を受ける法人にあっては、法人が時価の回復見込みにつき一定の形式基準を設けて、監査法人からその合理性についてチェックを受け、これを継続的に使用すれば、税務上もその基準による判断が尊重されますが、過去1年間や6月間の平均株価が50％を下回っているような場合には、時価の回復の見込みがないと判断してよいものと考えます。

解説

(1)　会計上、上場有価証券について、時価が著しく下落したときは、回復する見込みがある場合を除き、その時価をもって貸借対照表価額とし、その差額を当期の損失として処理（減損処理）しなければなりません（金融商品会計基準20項）。

　　この場合、時価の下落について「回復の見込みがある」と認められるときとは、株式の時価の下落が一時的なものであり、期末日後おおむね1年以内に時価が取得原価にほぼ近い水準にまで回復する見込みであることを合理的根拠をもって予測できる場合をいいます。

(2)　一方、①株式の時価が過去2年間にわたり著しく下落した状態にある

場合、②株式の発行会社が債務超過の状態にある場合、③２期連続で損失を計上し、翌期もそのように予想される場合には、通常は時価の回復見込みがあるとはいえないと判断します（金融商品会計実務指針91項）。

(3)　このような会計上の考え方は、税務上の評価損にあっても大いに参考になります。しかし、税務上は、必ずしも上記のような、株式の時価の過去２年間の状況などにこだわる必要はありません。あくまでも①過去の市場価額の推移や市場環境の動向、発行法人の業況または②証券アナリスト等による個別銘柄別・業種別分析や業界見通し、企業情報などからみて実質的に判断します（国税庁・平成21.4「上場有価証券の評価損に関するＱ＆Ａ」Ｑ１）。

(4)　もっとも、会計監査を受ける法人にあっては、法人が時価の回復見込みにつき一定の形式基準を設けて、監査法人からその合理性についてチェックを受け、これを継続的に使用すれば、税務上もその基準による判断が尊重されます（国税庁・上掲Ｑ＆Ａ・Ｑ２）。

　　　税務上、株式につき評価損の計上が認められるかどうかは、会計上、税効果会計を適用して繰延税金資産や繰延税金負債を認識すべきかどうかが問題になってきます。そのため、監査法人は評価損の計上の可否について判断するものと考えられます。その監査法人の合理的な判断を税務上も尊重するという趣旨です。

(5)　戦後最大の危機や100年に１度の経済不況といわれた平成21年代や昨今の新型コロナウイルスの流行による経済状況からしますと、過去１年間の平均株価が50％を下回っているような場合には、時価の回復の見込みがないと判断してよいものと考えます。

　　　税務上の評価損が、近い将来の時価の回復可能性の有無を要件としているのは、時価の下落が固定的になっていることを求めているものです。

四　有価証券の評価損

そうしますと、少なくとも過去1年間の平均株価が50％を下回っている場合には、時価の回復可能性は難しいと判断することができましょう。過去1年間といわず、時価の下落状況によっては、過去6月間の平均株価が50％を下回っていることでもよいと考えられます。

《参考裁決例》

○　請求人は、①外国子会社P社の株式の価額の回復可能性の判断は翌事業年度の増資払込みを含めて行うべきではないこと、②本件増資は実質的には「つなぎ資金の貸付け」であり、本件増資にはP社の業績回復に直結する経済効果はないことから、P社株式の価額には回復が見込まれず、本件評価損の損金算入は認められるべきである旨主張する。

　　しかしながら、P社株式の価額の回復可能性の判断は、本件事業年度終了の時までの株式発行法人の業況等や既に行われた事実のみで判断するのではなく、既に具体的に実行することが決定されている事業計画等がある場合には、これについても含めて判断するのが相当であり、本件においては、本件事業年度中に、請求人の取締役会において外国事業の経営改善計画として本件事業年度及び翌事業年度にP社に追加出資を行うことが決定されていること等からすれば、当該外国事業の経営改善計画も含めて判断することが相当である。そうすると、当該経営改善計画を実施すれば、P社は単年度ベースで利益が生じ、その資産状態が改善される方向にあったことが認められる。よって、本件事業年度終了の時において、P社の株式の価額の回復が見込まれないとはいえないから、請求人の主張は採用できない（審判所裁決　平成21.4.2　裁決事例集No.77　281頁）。

154

53 新型コロナ下で上場株式につき評価損を計上する場合の近い将来の株価の回復可能性の判断

> **Q** 保有する上場株式が、その発行会社の新型コロナウイルスの影響による、収益減少や経費増大のため、急速に業績悪化に陥り、株価がかなり下落しています。
>
> このような上場株式に対して評価損を計上する場合、一番頭を悩ませるのは、将来の株価の回復可能性の判断です。新型コロナ下にあって、この点、どのようにすればよいでしょうか。

A 株価の回復可能性の判断基準として一定の形式基準を策定し、税効果会計等の観点から、監査法人からその合理性についてチェックを受けて継続的に使用することにすれば、税務上その基準に基づく損金算入の判断は合理的なものとして認められますから、監査法人と緊密な連携をするのがよいでしょう。

解 説

(1) 法人の有する上場株式について、その価額が著しく低下したことにより、その株式の時価が帳簿価額を下回るようになった場合には、評価損の計上が認められます（法法33②、法令68①二イ）。この場合の「その価額が著しく低下した場合」とは、その有価証券の期末における価額がその期末の帳簿価額のおおむね50％相当額を下回ることとなり、かつ、近い将来その価額の回復が見込まれないことをいいます（法基通9－1－7）。

　非上場株式と異なり、上場株式は「発行会社の資産状態の悪化」は、

評価損計上の要件になっていません。これは、上場会社の資産状態の悪化を判断することの困難さと、上場株式は毎日公正な市場価格が公表されることなどによるものでしょう。

(2)　そこで、上場株式に評価損を計上する際の困難な問題は、「近い将来の株価の回復可能性」の判断です。もっとも、これは非上場株式にあっても同じです。その判断は、過去の市場価格の推移、発行会社の業況等も踏まえ、評価損を計上しようとする事業年度末に行います（法基通9－1－7(注)2）。

　　　新型コロナウイルスの感染が騒がれ始めた頃は、東京株式市場の日経平均株価は2万円台を割り込むような状況がみられました。しかし、緊急事態宣言や東京アラートの解除などに伴い、経済活動が段階的に再開し、景気回復への期待が強まって、その株価は一時2万6,000円台を回復するような状況になっています。

　　　新型コロナウイルスの感染第3波、第4波の到来も懸念されており、株価の動向は予断を許さない状況にあります。そのため、株式の近い将来の価額の回復可能性の判断は、監査法人等とも協議しながら慎重な対処が必要ではないか、と考えます。

(3)　企業会計では、株式の時価の下落について「回復する見込みがある」と認められるときとは、時価の下落が一時的なものであり、期末日後おおむね1年以内に時価が取得原価にほぼ近い水準にまで回復する見込みであることを合理的な根拠をもって予測できる場合をいいます。その場合の合理的な根拠は、個別銘柄ごとに、株式の取得時点、期末日・期末日後における市場価格の推移および市場環境の動向、最高値・最安値と購入価格との乖離状況、発行会社の業況等の推移など、時価下落の内的・外的要因を総合的に勘案して検討する必要があります。

　　ただし、①株式の時価が過去2年間にわたり著しく下落した状態にある場合や②株式の発行会社が債務超過の状態にある場合、③2期連続で損失を計上しており、翌期もそのように予測される場合には、通常は回復する見込みがあるとは認められません（金融商品会計実務指針91項）。

⑷　このような、会計上の株価の回復可能性の判断基準は、税務上でも大いに参考になります。ただ、税務上は、必ず株価が過去2年間にわたり著しく下落しなければならない、というわけではありません（国税庁・平成21.4「上場有価証券の評価損に関するQ&A」Q1）。税務上は株価の回復可能性の判断について、画一的な基準はなく実質的な判断を行うのが原則であるからです。

　　そのため、過去2年間にこだわることなく、法人の側から過去の市場価格の推移や市場環境の動向、発行会社の業況等を総合勘案した合理的な判断基準が示される限りにおいては、法人の判断が尊重されます（国税庁・前掲Q&A、Q1）。

⑸　とはいえ、実際問題として、法人自ら合理的な判断基準を策定することは容易ではありません。そこで、監査対象法人にあっては、株価の回復可能性の判断基準として一定の形式基準を策定し、税効果会計等の観点から、監査法人からその合理性についてチェックを受けて、継続的に使用するのであれば、税務上その基準に基づく損金算入の判断は合理的なものとして認められます（国税庁・前掲Q&A、Q2）。

　　その場合の「一定の形式基準」は、一次的には、上記⑶の金融商品会計基準のような基準を採用することが考えられます。しかし、その終息の見通しもたたない未曾有の災禍である新型コロナウイルス下にあって、過去2年間の株価の状況では実態にそぐわないでしょう。過去6月間や新型コロナウイルスが騒がれ始めた時からの株価の平均値が帳簿価額の

　50％以上下落した場合を基本的な基準にするのもよいかもしれません。

(6)　企業会計では、株式に評価損（減損損失）を認識する場合には、株価の回復可能性とそれに伴う将来の税金の回収可能性を判断して、繰延税金資産の計上の要否を決定します。このように、税効果会計を適用する場合には、繰延税金資産の額など見積りの要素があります。そこで、企業会計基準委員会は、「会計上の見積りを行う上での新型コロナウイルス感染症の影響の考え方」を公表し（2020.4.9）、新型コロナウイルス感染症の影響のように不確実性が高い事象についても一定の仮定を置き、最善の見積りを行う必要があるとしています。そして、会計上の見積りについては、どのような仮定を置いて会計上の見積りを行ったかについて財務諸表の利用者が理解できるような情報を具体的に開示すべきである、といっています。

　このような、税効果会計の専門的知識を持つ監査法人（公認会計士）と緊密な連携をするのがよいでしょう。

54 適格株式交換により取得した上場株式に対する評価損の計上の可否

Q 当社は、従来非上場のＡ社株式を有しており、そのＡ社株式について会計上評価損を計上しましたが、税務上は自己否認していました。そのＡ社株式について、数年前、上場株式であるＢ社株式との適格株式交換が行われ、現在では、そのＢ社株式を保有しています。

　ところが、最近、そのＢ社の経営状況が芳しくなく、Ｂ社株式の時価が著しく下落していますので、評価損の計上を検討しています。

　この場合、適格株式交換で取得したＢ社株式の取得価額はＡ社株式の帳簿価額を引き継いでいますが、そもそもＢ社株式は上場株式として評価損の計上の可否を検討してよいのでしょうか。もし、評価損の計上ができるとした場合、申告書別表五（一）に記載されている評価損否認金は、Ｂ社株式に係るものとして申告調整により損金算入をすることが認められるでしょうか。

A ご質問のＢ社株式は上場株式として評価損の計上の可否を検討して差し支えありませんし、評価損の計上ができるとすれば、申告書別表五（一）に記載されている評価損否認金は、Ｂ社株式に係るものとして、申告調整により損金算入をすることができます。

解　説

(1)　「株式交換」とは、株式会社がその発行済株式の全部を他の株式会社または合同会社に取得させる組織法上の行為をいいます（会社法２三十

159

四　有価証券の評価損

一、767)。具体的には、既存の会社（完全親会社となる会社）が別の会社（完全子会社となる会社）の株主からその株式の全部を取得し、それと交換に自社の株式（または親会社の株式）をその株主に交付するものです。

(2)　税務上、完全子会社の株主は、完全子会社の株式と完全親会社の株式とを交換し、完全親会社の株式を取得することになります。これは、完全子会社の株式の譲渡ですから、その完全子会社の株式の帳簿価額（譲渡原価）と完全親会社の株式の時価（譲渡対価）との差額は、譲渡損益として課税の対象になります。

　　ただし、適格株式交換の場合には、その完全子会社の株式の帳簿価額相当額が譲渡対価の額とされますから、譲渡損益は生じません（法法61の2⑨）。また、金銭の交付がない株式交換により取得した完全親会社の株式の取得価額は、完全子会社の株式の帳簿価額相当額とします（法令119①九）。

(3)　ご質問の場合は適格株式交換ですから、当社に課税関係は生じず、取得した完全親会社であるB社株式の取得価額は、完全子会社であるA社株式の帳簿価額を引き継ぎます。そのA社株式の帳簿価額は、税務上の帳簿価額のことですから、A社株式の評価損否認金はB社株式に引き継がれます。

　　このように、完全親会社であるB社株式の取得価額は、完全子会社であるA社株式の帳簿価額を引き継ぐからといって、現にB社株式が上場株式である以上、上場株式に該当します。完全親会社の株式の取得価額が完全子会社の株式の帳簿価額を引き継ぐのは、組織再編上の課税関係を処理するための措置であって、完全子会社の株式の種類や性格まで引き継ぐわけではありません。

したがって、Ｂ社株式は上場株式として評価損の計上の可否を検討して差し支えありません。また、評価損の計上ができるとすれば、申告書別表五（一）に記載されている評価損否認金は、Ｂ社株式に係るものですから、申告調整により損金算入をすることができます（Ｑ５参照）。

55 上場外国株式に対して評価損を計上する場合の期末時価の円換算レート

> **Q** 米国の証券取引所に上場されている米国株式を保有していますが、このような外国株式に対しても評価損を計上することができますか。
>
> もし評価損の計上ができるとしたら、評価損計上の可否を判断する基準となる期末時価について、現地相場（ドル）による時価は当期末または取得時、いずれの為替レートで円換算した金額とするのでしょうか。

A 外国株式であっても評価損の計上対象にすることができ、当期末の現地相場（ドル）による時価を期末の為替レートで換算した金額を期末時価とすべきものと考えます。

解　説

(1)　市場有価証券については、①期末時価が帳簿価額のおおむね50％相当額を下回ることとなり、かつ、②近い将来その時価の回復が見込まれない場合に評価損を計上することができます（法令68①二イ、法基通9－1－7）。

　　上場外国株式にあっても、この二つの要件を満たす限り、評価損を計上することができます。評価損の計上対象になる有価証券の範囲から外国有価証券を除くようにはなっていません。

(2)　そこで、上場外国株式は現地通貨で取引相場（時価）が表示されますから、その円換算を当期末または取得時、いずれの為替レートで行うか

が問題となります。

　仮に当期末の為替レートで換算するとしますと、当期末と取得時との為替レートが違う場合には、その換算差額が評価損の額に反映されることになります。そのため、当期末の現地通貨による取引相場（時価）を取得時の為替レートで換算すべきである、という意見もありましょう。

(3)　しかし、上場外国株式の期末時価は、期末の為替レートで換算した金額と考えるのが合理的であると思われます。評価損を計上する場合の期末時価は、その資産が使用収益されるものとして、その時において譲渡される場合に通常付される価額（処分可能価額）によります（法基通9－1－3）。もし、期末にその上場外国株式を譲渡するとすれば、期末の為替レートにより換算した金額が回収可能額となります。

　したがって、ご質問の場合には、当期末の現地相場（ドル）による時価を期末の為替レートで換算した金額を期末時価とすべきものと考えます。

(4)　その結果、期末の為替レートで換算した金額がその帳簿価額のおおむね50％相当額を下回り、近い将来時価の回復が見込まれないとすれば、評価損を計上することができます。

　その場合、取得時の為替レートで換算した金額がその帳簿価額の50％相当額を上回っていたとしても差し支えありません。

56 外貨建公社債の為替相場が著しく変動した場合の評価損の計上の可否

> **Q** 保有している外貨建公社債の換算方法は発生時換算法を採用し、その取得時の為替相場で円換算し記帳しています。ところが、その外貨建公社債に係る為替相場が著しく変動し、もし期末の為替相場で換算すると、現に記帳している金額の半額程度の価額になります。
>
> 　このような場合、この外貨建公社債について評価損を計上することはできないでしょうか。

A 外貨建公社債に係る為替相場が著しく変動しても評価損の計上はできませんが、為替相場のおおむね15％以上の変動があった場合には、発生時換算法を採用しているときであっても、期末時の為替相場により換算換えをすることができます。

解　説

(1) 外貨建資産等の期末換算方法の一つである「発生時換算法」とは、外貨建資産・負債の取得または発生の基因となった外貨建取引の円換算に用いた外国為替の売買相場により換算する方法をいいます（法法61の9①一イ）。つまり、外貨建資産・負債が生じたときの為替相場により換算する方法です。そのため、円換算額が固定され、期末の為替相場により換算換えをするようなことは、原則としてできません。

(2) ご質問の外貨建公社債も、その償還が外国通貨で行われるものであれば、外貨建有価証券に該当し、換算の対象になります（法法61の9①二、法規27の12）。その外貨建公社債の換算方法は発生時換算法を採用し、

取得時の為替相場で円換算し記帳しているということです。

　そこで、ご質問のように、外貨建公社債に係る為替相場が著しく変動し、もし期末の為替相場で換算すると、現に記帳している金額の半額程度の価額になるような場合、評価損の計上ができないか、という問題になります。

　しかし、単なる為替相場の変動は、有価証券について評価損の計上ができる事由のいずれにも該当しませんから、評価損の計上はできません（法令68①二）。

(3)　ただし、外貨建資産・負債に係る外国為替の売買相場が著しく変動した場合には、その外貨建資産・負債を期末時に取得し、または発生したものとみなして期末時の為替相場により換算をすることができます（法令122の3）。これは、発生時換算法を採用している外貨建資産・負債につき、いわば期末時換算法の適用を認めるものといえましょう。

　ここで「外国為替の売買相場が著しく変動した場合」とは、外貨建資産・負債の記帳金額と期末時の為替相場による換算額との間におおむね15％以上の開差が生じた場合をいいます（法基通13の2－2－10）。

(4)　したがって、ご質問の外貨建公社債に係る為替相場が15％以上変動しているとすれば、その記帳金額と期末時の為替相場による換算額との差額は、換算差損として損金算入をすることができます（法法61の9②④、法令122の3①）。

　しかし、これはあくまでも外貨建有価証券の換算の問題であって、評価損の問題ではありません。ただ、期末時換算法による換算換えと異なり、為替相場の著しい変動により換算換えをしても、翌期に洗い替える必要はありませんから、その点では実質的には評価損といえるかもしれません。

57 上場廃止になった株式に対する評価損の計上の可否と時価の算定方法

> **Q** 保有する上場株式の発行会社が、民事再生手続の申立てを行い、上場廃止になりました。
>
> この株式に対して評価損を計上する場合、上場廃止時の価格 1 円を時価として評価損を計上してよいでしょうか。

A 上場廃止になれば非上場株式ですから、「期末時価」は、期末前 6 月間の売買実例による価額、類似法人の株式の価額、1 株当たりの純資産価額などを参酌して合理的に算定する必要があり、単純に上場廃止時の価格 1 円を時価とすることはできないものと考えます。

解　説

(1)　上場廃止になった株式は非上場株式となり、その非上場株式については、①株式発行法人の資産状態の著しい悪化と②時価の著しい低下の事実の有無により評価損の計上の可否を判断しなければなりません（法法33②、法令68①二ロ）。

(2)　株式を取得して相当期間経過後に発行法人に再生手続開始の決定や更生手続開始の決定などがあった場合には、上記(1)①の「発行法人の資産状態が著しく悪化したこと」に該当します（法基通 9 − 1 − 9 (1)）。これは一種の形式基準ですから、再生手続開始の決定があれば「発行法人の資産状態が著しく悪化したこと」には該当するものと考えます。

(3)　一方、上記(1)②の「時価が著しく低下したこと」は、①期末時価が帳簿価額のおおむね50％相当額を下回り、かつ、②近い将来その時価の回

166

復が見込まれないことをいいます（法基通9－1－11、9－1－7）。

　この場合の「期末時価」は、期末前6月間の売買実例による価額、類似法人の株式の価額、1株当たりの純資産価額などを参酌して合理的に通常取引されると認められる価額を算定する必要があります（法基通9－1－13、9－1－14）。もっとも、「期末前6月間の売買実例による価額」は、上場時の価額ですから、上場廃止になった株式の時価を算定する基準にするのは、合理的とはいえません。

　しかし、上場株式であったからといって、単純に上場廃止時の価格1円を時価とすることはできないものと考えます。通常取引される適正な価額とはいえないからです。あくまでも、非上場株式として純資産価額などを基礎に時価を算定すべきことになります。

(4)　次に「近い将来の時価の回復見込み」については、民事再生手続の申立てを行い、上場廃止になった結果、廃止時の価格が1円であることからしますと、一般的には近い将来の時価の回復見込みはない、と判断してよいものと考えます。

　もちろん、その民事再生について、たとえば有力なスポンサーがついて、短期間のうちに業績が回復し、株価も上昇するといった特段の見込みがあれば、近い将来の時価の回復見込みがないとはいえません。

58 優先株式に対する評価損計上の可否と期末時価の算定方法

Q 保有するＡ社配当優先株式は非上場株式ですが、Ａ社の普通株式は上場されているため、その配当優先株式は一定の日におけるＡ社普通株式の取引終値を基準に普通株式への転換を請求することができますから、その時価は普通株式とほぼ同様であるとみられます。

　この場合、Ａ社配当優先株式はＡ社普通株式と同様に、Ａ社普通株式の時価が著しく下落した場合には、Ａ社配当優先株式に評価損を計上してよいでしょうか。

A Ａ社配当優先株式は非上場株式に該当すると認められますので、①その株式の発行法人の資産状態が著しく悪化したため、②その時価が著しく低下した場合に評価損の計上ができます。

解説

(1)　ご質問の場合、まず配当優先株式と普通株式とは、同一の銘柄なのかどうかが問題です。もし、銘柄が同一であるとすれば、普通株式と同様に評価損の可否を判断してよいことになりましょう。

　有価証券の期末評価額（１単位当たりの帳簿価額）は、銘柄の異なるごとに区分して計算します（法令119の２、119の３、119の４）。この場合、種類株式と普通株式とがあるときは、それぞれ異なる銘柄として取り扱いますが、権利内容などからみて種類株式と普通株式が同一の価額で取引されると認められるときは、同一の銘柄とします（法基通２−３−17）。

168

(2)　ご質問のＡ社配当優先株式は、Ａ社普通株式の時価を基準としてＡ社普通株式に転換が可能であるようですが、実際の取引価額はＡ社普通株式の取引価額と同一にはならないものと思われます。

　これらの点からみて、評価損の可否を判断するに当たっても、Ａ社配当優先株式とＡ社普通株式とは銘柄が異なるとして取り扱うべきものと考えます。そうしますと、有価証券に対する評価損計上の可否は銘柄ごとに判定しますから（法基通9－1－1(5)）、Ａ社配当優先株式は、非上場株式に該当することになります。

(3)　非上場株式に対する評価損は、①その株式の発行法人の資産状態が著しく悪化したため（純資産価額の50％以上の下落）、②その時価が著しく低下した（時価の50％以上の下落と回復可能性なし）場合に計上が認められます（法令68①二ロ、法基通9－1－9、9－1－11）。

　したがって、ご質問のＡ社配当優先株式については、この二つの要件を満たさなければ評価損の計上はできないものと考えます。特に、実務上、上記①の要件を満たしているかどうかの判定はなかなか難しいといえましょう。

　一方、②の要件における時価は、Ａ社普通株式の時価を基準とした転換価格などを参考に算定すればよいものと考えられます。

(4)　なお、評価損を計上する場合の「市場有価証券等」には、証券取引所に上場されている有価証券（取引所売買有価証券）だけに限らず、店頭売買有価証券（金商法2⑧十八）や、取扱有価証券（金商法67の18四）、その他価格公表有価証券（価格公表者によって公表された売買価格または気配相場価格があるもの）、その他有価証券（取引所売買有価証券、店頭売買有価証券、取扱有価証券、その他価格公表有価証券以外の有価証券）が含まれます（法令68①二イ、119の13一～四、法基通9－1－

8）。

　単に非上場株式であるといっても、特に上場会社の優先株式（種類株式）にあっては、店頭売買有価証券や、取扱有価証券、その他価格公表有価証券に該当することがありますから、よく調査するのがよいでしょう。そして、店頭売買有価証券や、取扱有価証券、その他価格公表有価証券に該当すれば、評価損の計上は上記(3)の②の要件（時価の50％以上の下落と回復可能性なし）だけで足ります（法令68①ニイ）。

59 債務超過会社の増資払込みに応じた株式に対する評価損の計上の可否

Q 債務超過会社の増資を引き受けましたが、そもそも債務超過会社の増資を引き受けるようなことは、経済的に不合理であるとして、その債務超過会社に対する寄附とみられるでしょうか。

もし、寄附ではないとされた場合には、その株式に評価損を計上することができるでしょうか。

A 債務超過会社の増資払込みに応じて取得した株式について、増資直後の評価損の計上は認められませんが、増資から相当期間経過後に改めて評価損の計上ができる事実が生じた場合には、評価損の計上ができます。

解 説

(1) たしかに、債務超過会社の増資を引き受け、資金を払い込むのは、その債務超過会社に対する支援、すなわち寄附ではないか、という議論があります。増資の引受けは、法的、形式的には資本等取引ですが（法法22⑤）、債務超過会社の増資に応ずるようなことは普通では考えられず、実質的には債務超過会社に対する利益供与ではないか、というわけです。

そもそも法的には資本等取引である増資払込みに、損益取引である寄附金の理論を持ち込むことができるのかどうかという議論です。判例では資本等取引であっても寄附金はあり得るとするものもみられます（福井地判　平成13.1.7　訟務月報48巻6号　1560頁）。

(2) しかしながら、債務超過会社の増資引受けにも、それぞれの事情、背

四　有価証券の評価損

景があります。債務超過の状態であっても、優秀な技術や人材をもち将来性があるとか、将来の事業提携を模索しているとか、子会社の再建を支援するとか、その増資に経済合理性が十分考えられる場合があります。

　単に債務超過会社の増資引受けであるからといって、直ちに寄附金に該当するとはいえません。また、資本等取引の中に安易に損益取引である寄附金の概念を持ち込むことには疑問があります。

　したがって、債務超過会社の増資払込みに応じて取得した株式であっても、寄附金とはせず、株式として評価損の計上対象にしてよいものと考えます。

(3)　ただし、増資があった後にも依然債務超過の状態が解消されていないとして、すぐ評価損を計上することはできません（法基通９－１－12)。債務超過の状態にあることを承知で増資払込みに応じた以上、増資後すぐに評価損を計上するようなことは不合理です。将来の業績好転、すなわち株価の回復を期待して増資を引き受けたものでしょうし、将来の株価の回復が見込めないとして評価損を計上するのであれば、それこそ寄附金として処理すべきでしょう。

(4)　しかし、債務超過会社の増資払込みに応じて取得した株式であっても、全く評価損の計上ができないわけではありません。その増資から相当期間経過後に改めて評価損の計上ができる事実が生じた場合には、評価損の計上が認められます（法基通９－１－12)。

　この場合の「相当期間」は、増資払込み後における業況などの推移を見守るという期間ですから、少なくとも１～２年は要するものと考えられます。もちろん、この期間は一つの目安と考えられるものですから、必ずしもこの期間にこだわる必要はありません。

　また、「改めて」というのは、「新たに」ということではありません。

その増資後、新たに評価損の計上ができる事実が生じている必要はなく、増資の前後を通じて資産状態を改めて見直すという意味です。その見直しの結果、資産状態が著しく悪化したため、その株価が著しく低下したと認められれば、評価損の計上ができます（法基通9－1－9、9－1－11）。

(5)　なお、以上の取扱いは、増資直後の増資払込みに応じて取得した株式の評価損の計上はできないというに止まります。すなわち、増資直前の事業年度で従来から有する株式（旧株）について評価損を計上することは差し支えありません。

　　この場合、増資が予定されているのであれば、資産状態の好転や近い将来の株価の回復が見込まれるのではないか、という議論が考えられます。しかし、近い将来の株価の回復は会社自身の自力によることを予定していますので、他人からの増資払込みがある事情を考慮する必要はありません。

《参考判例》

○　第一次増資以前に原告会社が保有していた訴外会社の株式10万4400株と第一次増資により取得した9万5000株の総計19万9400株の評価損を考えるための資産状態の著しい悪化の判定については、とりあえずは、第一次増資の時点を基点にして考えることが許されるところ、少なくとも第一次増資から11か月を経たにすぎない本件評価損の時点のころにおいては、単に数額のみに着目すると資産状態の悪化が著しいとの見方もあろうが、もともとその時点の状態は、原告会社においても十分に予測可能ないわば予定された状態ともいうべきであり、以後、第一次増資と相まって、訴外会社の資産状態は、長期的な見通しに立つ限り、全体としてみると、改善され

る方向にあったといってよく、しかも原告会社が訴外会社に対し、各増資
払込金を併せた額と同程度ないしはそれ以上の経済的価値を認めていたと
いってよいことから考えると、単に数額的に債務超過にあり又はその債務
超過の額がある程度増加したからといって、その債務超過の状態が原告会
社にとって予測し難い新しい事態によって発生したなどの特段の事情が認
められるのであれば格別、右事情が認められない本件にあっては、法人税
法33条３項による評価損の損金算入要件たる「資産状態の著しい悪化」が
生じたものと判断するわけにはいかない（東京地判　平成元.9.25　税資
173号　859頁、東京高判　平成３.6.26　税資183号　1011頁）。

○　１　寄附金の意義について、法37条６項は、「寄附金、拠出金、見舞金
その他いずれの名義をもってするかを問わず、内国法人が金銭その他の資
産又は経済的な利益の贈与又は無償の供与」と規定しており、また、同条
７項は、「実質的に贈与又は無償の供与」と規定していることからすると、
同条６項にいう「贈与又は無償の供与」とは、民法上の贈与である必要は
なく、資産又は経済的利益を対価なく他に移転する行為であれば足りると
いうべきである。もっとも、右「対価」の有無は、移転された資産又は経
済的利益との金額的な評価、価額のみによって決すべきものではなく、当
該取引に経済取引として十分に首肯し得る合理的理由がある場合には、実
質的に右「対価」はあるというべきである。

　　２　増資会社が債務超過の場合に、新株を発行しても増資会社の債務超
過額を減少させるにとどまるときは、増資払込金は増資会社の純資産を増
加させることにはならず、したがって、新株式の価格は、理論上は零円と
なる。

　　本件増資払込金の中に寄附金に当たる部分がある場合には、当該部分は
法人税法上の評価としては「払い込んだ金額」（法人税法施行令38条１項

1号）に当たらないと解される……それが実質上寄附金と判断される以上、Xの行った取引の外形に法人税法上の法的評価が拘束される理由はなく、また、法37条は同法22条3項にいう「別段の定め」に当たるから、商法や企業会計原則上の取扱いにかかわらず適用されるものである。

　Aが本件増資払込金の全額を資本勘定に組み入れたことと、Xにとって損失（寄附金）が発生するとすることとは、何ら矛盾するものではない上、Xが会計処理上、本件増資払込金の全額を有価証券勘定に計上したからといって、右Xの会計処理上の取扱いに法人税法上の法的評価が拘束される理由はない（福井地判　平成13.1.17　訟務月報48巻6号　1560頁）。

60 DESにより取得した子会社株式に対する評価損の計上の可否

Q 完全支配関係がある子会社の経営状況が良くなく、債務超過の状態が続いていますので、その再建策の一環として、その子会社に対する貸付金（額面1億円、見込時価5,000万円）を資本に組み入れる、DES（デット・エクイティ・スワップ）を行いました。

　そのDESを行った子会社株式について、子会社は債務超過の状態にありますから、評価損を計上することができるでしょうか。

A ご質問のDESは適格現物出資に該当し、そのDESにより取得した子会社株式の帳簿価額には現物出資をした貸付金の額面金額1億円を付しますが、DESの直後に評価損を計上することはできないものと考えます。

解　説

(1)　法人が金銭以外の資産を出資し、被現物出資法人から株式等の交付を受けることを「現物出資」といいます。その場合、現物出資をする資産が金銭債権であるものを「債務の株式化」といい、債務と資本を交換することで、一般にDES（debt・equity・swap）と呼ばれています。多くの場合、経営が苦境に陥っている子会社や関係会社などの再建支援策として利用されています。

　そのDESにより債務者が債務（債権者の債権）を資本に振り替える金額の考え方について、①券面額説と②評価額説とがあります。

(2)　「券面額説」は、債務（債権）の券面額を資本に振り替えるという考

え方です。そのため、ＤＥＳが行われても、券面額の金銭債務が消滅して、同額の資本金等の額が増加するだけですから、なんら損益は生じません。

　一方、「評価額説」は、債務（債権）の時価を資本に振り替えるという考え方です。この考え方によれば、券面額の債務が消滅しますが、増加する資本金等の額は、その債務の時価相当額となります。そのため、債務の券面額と時価との差額の債務消滅益が生じることになります。

(3)　税務上は、ＤＥＳにより株式を発行した場合には、その出資を受けた資産の時価相当額を資本金等の額に計上します（法法２十六、法令８①一）。法人税は、基本的に評価額説によっているといえましょう。

　ただし、適格現物出資の場合には、被現物出資法人（債務者）は現物出資を受けた資産の帳簿価額は、現物出資法人が付していた資産の帳簿価額相当額とし、同額を資本金等の額の増加として処理します（法令123の５、８①八）。そして、現物出資法人（債権者）は被現物出資法人に対して資産を帳簿価額により譲渡をしたものとして、所得金額を計算します（法法62の４①）。これは券面額説の考え方といえます。

(4)　ＤＥＳを行えば、債権者は出資をした金銭債権の対価として債務者の発行株式を取得します。その場合、企業会計では、その株式の取得価額は、債務者側の券面額説と評価額説との処理のいかんにかかわらず、現物出資をする金銭債権の時価相当額とします（企業会計基準委員会・平成14.10.9「デット・エクイティ・スワップの実行時における債権者側の会計処理に関する実務上の取扱い」）。これは評価額説の考え方といえましょう。したがって、現物出資をする金銭債権の券面額と時価との差額は、貸倒損失として実現します。

(5)　一方、税務上は、この貸倒損失の損金算入は、債務者の合理的な再建

計画等の定めるところにより生じたものでなければなりません（法基通2－3－14）。もちろん、そのDESが適格現物出資に該当すれば、債権者は金銭債権を帳簿価額で譲渡しますから、貸倒損失を認識する余地はありません。

　ただし、更生会社におけるDESにあっては、債権者が取得する更生会社の新株の取得価額は、その取得のときにおける時価とします（法基通14－3－6）。したがって、債権額とその時価との差額は、貸倒損失として認められます。

⑹　そこで、DESにより取得した子会社株式について、そのDESが非適格現物出資であり、合理的な再建計画に基づくことから、出資した金銭債権の時価相当額で記帳されているとすれば、評価損を計上するのは難しいといえましょう。

　問題はそのDESが適格現物出資に該当し、取得した子会社株式について出資した金銭債権の券面額相当額で記帳されている場合の取扱いです。ご質問の場合は、適格現物出資に該当すると認められますので、その子会社株式については、貸付金の券面額1億円で記帳すべきことになります。

⑺　しかし、その貸付金の時価は5,000万円ですから、子会社株式の時価は5,000万円のはずです。その限りでは評価損の計上を検討する余地があるといえます。ただ、DESも増資であり、増資直後の評価損の計上は認められません（法基通9－1－12、Q59参照）。また、ご質問のDESは子会社の再建策の一環として行われたものですから、近い将来株価の回復が見込まれるのではないか、という懸念もあります。

　結局、DESを行ってすぐ評価損を計上するのは問題が多く、子会社の再建の結果をみてからというのがよいでしょう。

61 解散が見込まれる完全支配関係子会社の株式に対する評価損の計上の可否

Q 平成23年6月の税制改正により、親会社が保有する完全支配関係がある子会社で解散をすることが見込まれるもの等の株式については、評価損の計上はできないことになりました。

この場合の「解散をすることが見込まれる」というのは、いつの時点でどのような状態にあることをいうのでしょうか。

A 税務上の評価損は、期末に有する資産について期末の現況により計上の可否を判断しますから、「解散をすることが見込まれる」かどうかは、期末時において、原則として会社の意思決定の有無により判断すべきものと考えます。

解 説

(1) 親会社が保有する子会社株式がその子会社の解散により消滅した場合も、株式の譲渡に該当します。この場合、完全支配関係がある子会社が平成22年10月1日以後に解散し、残余財産の分配を受け、あるいは残余財産の分配を受けないことが確定し、子会社株式が消滅したときは、その消滅による子会社株式の譲渡価額は譲渡原価（帳簿価額）相当額とされます（法法61の2⑰）。

これは、完全支配関係がある子会社の解散による子会社株式の消滅損の損金算入はできないということです。その子会社株式の消滅損に相当する金額は、資本金等の額の減少として処理します（法令8①二十二）。

(2) そうしますと、残余財産の確定まで子会社株式を帳簿価額のまま保有

していると、その消滅損は損金不算入になってしまいます。それを避けるため、子会社の解散前または清算中に評価損を計上すれば消滅損の損金不算入を回避できることになります。

　一方、完全支配関係がある子会社が解散し残余財産が確定した場合には、その子会社が有する未処理欠損金額は、親会社に引き継いで親会社で控除することができます（法法57②）。

　このように、子会社の解散前や清算中に評価損を計上すれば、評価損の損金算入と欠損金の控除という、いわば二重の特典を受けることが可能になります。

(3)　そこで、このような問題を排除するため、平成23年6月の税制改正により、完全支配関係がある子会社で①清算中のもの、②解散をすることが見込まれるものおよび③完全支配関係がある他の法人との間で適格合併を行うことが見込まれるものの株式については、評価損の計上はできないこととされました（法法33⑤、法令68の3）。

(4)　今後は、実務上、「解散をすることが見込まれる」や「適格合併を行うことが見込まれる」の「見込まれる」とは、どのような状態のことをいうのかが問題になってきましょう。

　税務上の評価損は、期末に有する資産について期末の現況により計上の可否を判断します。ご質問の「解散をすることが見込まれる」かどうかは、期末時において、原則として会社の意思決定の有無により判断すべきものと考えます。たとえば債務超過の状態が長年続いているというだけでは、「解散をすることが見込まれる」とはいえません。

　それでもなお、会社の意思決定はどのレベルのものをいうのかという問題があります。この点については、個々の事情により判断せざるを得ないものと思われます。

62 評価損を計上する場合の非上場有価証券の期末時価の算定方法

Q A社は保有する子会社B社株について評価損の計上を予定していますが、その子会社B社はその子会社C社（A社にとって孫会社）の株式を保有しています。

　この場合、子会社B社株の時価の算定につき相続税の財産評価基本通達によるときは、C社株についても、財産評価基本通達により時価評価をしなければならないでしょうか。

A C社株についても時価評価を行う必要があり、その評価額は財産評価基本通達の例によってよいものと考えますが、C社が土地や上場有価証券を有する場合には、その土地や上場有価証券は相続税評価額ではなく、通常の時価によるべきことになります。

解説

(1)　法人が市場有価証券等以外の有価証券につき評価損を計上する場合の時価は、次の価額によります（法基通9−1−13）。

①　売買実例のあるもの―――その事業年度終了の日前6月間における売買実例価額のうち適正と認められるものの価額

②　公開途上にある株式でその上場に際して公募または売出しが行われるもの―――金融商品取引所の内規によって行われる入札後の公募価額等を参酌して通常取引されると認められる価額

③　売買実例のないもので同業他社で同規模法人の株式の価額があるとき―――その同業他社の株式の価額に比準して推定した価額

④　①から③までに該当しないもの―――事業年度終了の時における1
株当たりの純資産価額等を参酌して通常取引されると認められる価額

(2)　ところが、上記③と④の場合、実務的にはその価額の算定は困難であ
ることが少なくありません。そこで、これらの有価証券につき評価損を
計上する場合の時価は、相続税の財産評価基本通達の例によって算定し
た価額によることができます（法基通9－1－14）。

ただし、財産評価基本通達の例によるとしても、次の点は次のように
修正を加えて財産評価基本通達により時価を算定しなければなりません。

①　中心的な同族株主（議決権割合が25％以上の同族株主グループに属
する株主）に該当する株主が保有する株式は、その株式発行会社は常
に「小会社」に該当するものとして評価すること。

②　その株式発行会社が土地または上場有価証券を有しているときは、
「1株当たりの純資産価額（相続税評価額によって計算した金額)」の
計算上、これらの資産については期末時価によること。

③　「1株当たりの純資産価額（相続税評価額によって計算した金額)」
の計算上、評価差額に対する法人税額等に相当する金額は控除しない
こと。

(3)　ご質問の場合には、直接的にはこのようにして子会社B社株の評価を
行えばよいことになります。その場合、B社の「1株当たりの純資産価
額」の計算に当たっては、B社の有するC社株も純資産価額に含まれま
す。その際、C社株についても当然時価評価をしなければなりませんが、
その評価は財産評価基本通達の例によってよいことになりましょう。

ただし、C社が多額の含み益を抱えた土地や上場有価証券を有する場
合には、その評価額を単純に「相続税評価額によって計算した金額」と
するのは不合理です。上記(2)②のように、通常の期末時価で評価すべき

ことになります。

《参考判例》

○　非上場株式の時価評価について種々の方式があり、それぞれ評価の目的
に応じて選択適用されるべきではあるが、元来取引実例の乏しいかあるい
は本件のように全くない株式について時価を評価しようとするのであるか
ら、各方式に長所短所がある以上、そのうちの一方式のみを選んで評価を
行うことには疑問がある。従って、各方式のうち、本件株式の評価に最も
合理性があると認められる収益還元方式、純資産処分価額方式により評価
を行い、次いである程度合理性ありと認められる純資産時価方式、併用方
式（類似業種比準方式と純資産時価方式の併用）により評価を行ったうえ、
それらの平均値（単純平均及び合理性のより高い収益還元方式、純資産処
分価額方式に重い評価を与えた加重平均）をもって本件における適正な時
価とするのが妥当である（大阪地判　昭和53.5.11　税資101号　333頁）。

○　一般に株式の価額を決定する要素としては、株式1株当たりの利益金
額・配当金額・純資産価額のみならず、事業の種類・将来性・市場占有
率・資本系列・経営者の手腕等が考えられる。

　　標本会社の選択に当たっては、①事業の種類の同一性、②資産の構成、
収益の状況、資本金額、事業規模等の類似性が要件とされるべきものであ
る（京都地判　昭和55.1.25　税資110号　35頁）。

○　本通達（基通9－1－14）は、非上場株式の時価評価に関する法人税課
税実務の円滑な執行のために、いわば一つの割切りとして、法人（申告者）
が、非上場株式の評価損の計上に際し、財産評価基本通達に定める評価方
式の例によってその期末時価を算定しているときは、法人税法上も、原則
としてこれを是認する方針を明らかにしたものといえる。そうすると、本

四　有価証券の評価損

通達は、あくまでも法人（申告者）が財産評価基本通達に定める評価方式の例によって非上場株式の時価を算定している場合に、法人税法上も原則としてこれを認めるというに過ぎないものと解されるのであって、法人税の申告者が財産評価基本通達に定める評価方式の例によっていない場合にまで、本通達を根拠にして、非上場株式の評価を財産評価基本通達に定める評価方法に限定する趣旨に出たものとは到底解されない（鹿児島地判平成11.11.29　税資245号　422頁）。

63 企業支配株式に対する評価損の計上の可否と企業支配の対価の算定方法

> **Q** 当社が発行済株式の30％を保有するＡ社は、ここ数年業績不振が続き、債務超過の状態になっていますので、そのＡ社株式に対して評価損を計上することを考えています。
>
> ところが、発行済株式の20％以上を保有する会社の株式は企業支配株式として評価損の計上は認められない、と聞きましたが、本当でしょうか。

A 企業支配株式であっても、評価損の計上要件を満たす限り、評価損の計上はできますが、企業支配の対価部分については、評価損の計上は認められません。

解　説

(1) 税務上、発行済株式の20％以上の持株を有する株式を「企業支配株式」といいます（法令119の２②二）。上場株式であっても、持株割合が20％以上であれば、企業支配株式に該当します。形式的に持株割合が20％以上であれば企業支配株式に該当し、企業支配を意図したかどうかを問いません。

　ご質問のＡ社株式は、もしＡ社が上場会社であっても、企業支配株式に該当します。

(2) その企業支配株式について、①その株式の発行法人の資産状態が著しく悪化したため、②その時価が著しく低下した場合には、評価損の計上が認められます（法令68①二イ、ロ、法基通９－１－９、９－１－11）。

185

四 有価証券の評価損

企業支配株式であるからといって、評価損の計上ができないということはありません。上記二つの要件を満たす限り、評価損の計上は可能です。

ただ、上場株式に対する評価損は、上記②の要件だけですが、上場株式であっても、企業支配株式に該当する場合には、上記①、②の二つの要件を満たす必要があることに留意しなければなりません。

(3) その二つの要件を満たす場合には、企業支配株式の帳簿価額と時価との差額は、評価損として損金算入されます。ただし、その時価の算定に当たって、その株式の取得が企業支配をするためであると認められるときは、その時価は通常の価額に企業支配の対価の額を加算した金額としなければなりません（法基通9－1－15）。

そのため、たとえば企業支配株式の帳簿価額が1,000、通常の価額が300、企業支配の対価が400の場合、この株式の時価は700（300＋400）となり、帳簿価額1,000の50％以上下落していませんので、評価損の計上はできません。このような事態を想定して、企業支配株式に評価損の計上は認められない、と言っているのでしょう。

(4) しかし、この例で仮に企業支配の対価が200である場合には、時価は500（300＋200）となり、帳簿価額1,000の50％以上下落していますから、評価損の計上は認められる余地があります。

このように、企業支配株式に対する評価損の計上が全くできないわけではありません。ただ、企業支配の対価部分については、通常の価額に加算される結果、常に評価損の計上は認められないことになります。これは、企業支配の対価は、企業支配の関係が続く限り、その価値に変化はないと考えられるからです。

(5) そこで、企業支配の対価の算定方法が問題です。典型的には、従来20

％未満の持株割合であったところ、持株割合50％以上にして会社法上の子会社（会社法2三）にするため、通常の価額より高い価額で取得したような場合の、その高い部分の金額が該当します。この場合、必ずしも企業支配の意図があったかどうかは問わないものと考えます。

　20％以上の株式の新規取得や買増しをする場合であっても、通常の価額で取得する限り、企業支配の対価はないものと考えられます。

《参考判例》

○　一の企業が他の企業をその支配下におくという場合には、そこに何らかの利益、例えば新規市場の開拓、有利な仕入先の確保、知名度の向上、信用の保持、財産の保全等通常の価値をもってしては表現され得ない何らかの利益がもたらされるからであり、右のごとき利益は、当該企業を新たに支配する場合のほか既に有する企業の支配を維持又は強化する場合にも生ずるものであるから、企業支配株式といいうるためには、新たに企業を支配するために取得した株式のほか、その株式を取得することによって従来の企業支配関係を維持又は強化する場合をも含むと解すべきである。

　企業支配に係る対価の額は、新たに他の企業を支配するために通常の株価を超えて株式を取得する場合に、その通常の株価を超えて支出される金額のほか、既に支配している企業に対する支配力を維持又は強化する場合に、通常の株価を超えて支出される金額もまたこれに含まれると解すべきである（仙台地判　昭和51.9.13　税資89号　613頁）。

64 売買目的有価証券に対する時価法の適用による評価損益の処理

> **Q** 棚卸資産については低価法の採用が認められ、時価の低下事由を問わず時価が下落していれば、期末時価で評価し、評価損の損金算入ができます。
>
> 　有価証券についても、所定の事由が生じた場合の評価損の損金算入のほか、棚卸資産の低価法のように、事由のいかんを問わず、単に期末時価が下落していれば、評価損の損金算入ができるような方法はないでしょうか。

A 有価証券には低価法の適用はありませんが、売買目的有価証券には時価法が適用され、時価の低下事由を問わず、評価損の損金算入ができます。

解　説

(1)　従来、有価証券の評価についても、棚卸資産と同じような低価法の採用が認められていました。しかし、平成12年度の税制改正により、有価証券の低価法は廃止されました。

　従来、有価証券の譲渡損益を計算するための譲渡原価は、棚卸資産と同様、一事業年度を単位として、次のような算式によりまとめて計算されることになっていました。

　（期首有価証券有高＋期中有価証券購入高）－期末有価証券有高

　その「期末有価証券有高」の評価方法として、低価法が認められていたところです。

　　ところが、平成12年度の税制改正により、有価証券の譲渡損益は、譲渡のつど個別的に譲渡対価と譲渡原価との差額として計算する考え方が導入され（法法61の2①）、その改正に伴って、低価法は廃止されたものです。

(2)　これに対して、期末に有する売買目的有価証券については、時価法を適用することとされました。ここで「売買目的有価証券」とは、短期的な価格の変動を利用して利益を得る目的（短期売買目的）で取得した有価証券をいいます（法法61の3①一）。具体的には、①短期売買目的で行う取引に専ら従事する者が短期売買目的でその取得の取引を行ったもの（専担者売買有価証券）および②その取得の日において短期売買目的で取得したものである旨を帳簿書類に記載したもの（専担者売買有価証券を除く）をいいます（法令119の12①一、法規27の5①）。

(3)　また、「時価法」とは、期末時の時価をもってその評価額とする方法です（法法61の3①一）。この場合の「時価」とは、たとえば①取引所売買有価証券にあっては、金融商品取引所において公表された最終の売買価格（その売買価格がない場合には最終の気配相場の価格）、②店頭売買有価証券および取扱有価証券にあっては、公表された最終の売買価格（その売買価格がない場合には最終の気配相場の価格）、③その他価格公表有価証券にあっては、価格公表者によって公表された最終の売買価格（その売買価格がない場合には最終の気配相場の価格）をいいます（法令119の13）。

　　令和2年度の税制改正により、これらの有価証券につき、公表された期末における最終の売買価格および最終の気配相場の価格のいずれもない場合には、直近の最終の売買価格または最終の気配相場の価格を基礎とした合理的な方法により計算した金額を時価評価金額とすることとさ

れました（法令119の13①一～三）。この場合の「合理的な方法」は、「時価の算定に関する会計基準」（令和元.7.4企業会計基準委員会・企業会計基準第30号）に定める方法などをいいます（法基通2－3－32、2－3－33）。

(4)　一般事業会社が、上記(2)①の専担者売買有価証券とするため、短期売買の専担者を置くのは難しいかもしれません。しかし、帳簿書類において短期売買目的で取得した有価証券の勘定科目をその他の有価証券の勘定科目と区分すれば（法規27の5①）、上記(2)②の売買目的有価証券とすることができます。

　　このようにして、売買目的有価証券に該当するようにすれば、時価法により期末時価で評価しますから、時価の低下事由や将来の回復可能性の有無を問わず、評価損を損金算入することができます。

(5)　ただし、売買目的有価証券の時価法の適用に当たっては、次の点に留意しなければなりません。

　①　時価法は有価証券を期末時価で評価するものであるから、評価益が生じる場合には、その評価益は益金算入する必要があること（法法61の3②）

　②　時価法の適用により損金算入した評価損または益金算入した評価益は、翌期には戻し入れる必要があること（法令119の15①）

　③　売買目的有価証券が企業支配株式（法令119の2②二）に該当することとなった場合、短期売買業務の全部を廃止した場合、その他有価証券を短期売買業務に使用することになった場合には、有価証券の譲渡があったものとみなされ、その時に譲渡損益を認識する必要があること（法法61の2㉒、法令119の11）

65 売買目的有価証券に時価法を適用せず評価損を計上することの可否

Q 売買目的有価証券については、時価法が適用され、期末の時価が低下していれば、その理由や将来の回復可能性の有無などに関係なく、評価損の損金算入ができます。

　一方、売買目的有価証券については、その発行法人の資産状態が著しく悪化したため、時価が著しく低下した事実があれば、評価損の計上が認められています。

　そこで、法人が有する売買目的有価証券である上場株式の期末時価が著しく低下している場合、時価法を適用せず、期末時価の著しい低下による評価損を計上してよいでしょうか。期末時価の著しい低下による評価損を計上してよいとすれば、翌期にその帳簿価額の洗替えをする必要がない、という実益があります。

A 売買目的有価証券である上場株式であっても、その発行法人の資産状態が著しく悪化したため、その価額が著しく低下した限りは、評価損の計上ができ、その評価損を計上した後の帳簿価額に基づき時価法を適用することができるものと考えます。

解　説

(1)　法人が期末に有する売買目的有価証券については、時価法を適用しなければなりません。その「時価法」とは、期末時の売買目的有価証券の時価をもってその評価額とする方法をいいます（法法61の3①一、法令119の13、Q64参照）。

191

四　有価証券の評価損

　その時価法を適用すれば、売買目的有価証券の期末帳簿価額が期末時価を超える場合には、その超える部分の金額は、評価損として損金算入をすることができます（法法61の3②）。ただし、この評価損として損金算入をした金額は、翌期に益金に戻し入れなければなりません（法令119の15①）。すなわち、翌期に洗替えを行う、ということです。

(2)　一方、売買目的有価証券に対しては、その有価証券の発行法人の資産状態が著しく悪化したため、その価額が著しく低下した事実が生じた場合には、評価損を計上することができます（法法33②、法令68①二ロ）。この「発行法人の資産状態が著しく悪化したこと」とは、①その有価証券を取得してから相当期間経過後に発行法人に特別清算、破産手続、再生手続、更生手続の開始があったことまたは②当期末の発行法人の1株当たりの純資産額がその取得時の1株当たりの純資産額に比しておおむね50％以上下回ることとなったことをいいます（法基通9-1-9）。

　また、「有価証券の価額が著しく低下したこと」とは、その有価証券の期末時価が期末帳簿価額のおおむね50％相当額を下回ることとなり、かつ、近い将来その時価の回復が見込まれないことをいいます（法基通9-1-7、9-1-11）。

　この売買目的有価証券の価額が著しく低下した事実に基づく評価損は、上記(1)の時価法の適用による評価損と異なり、翌期に益金算入する必要はありません。時価法の適用による評価損の洗替え方式に対して、いわば切放し方式といえましょう。

(3)　そこで、ご質問のように、売買目的有価証券である上場株式の期末時価が著しく低下している場合、評価損の計上は上記(1)によるのか、上記(2)によるのか、その適用関係が問題になります。その評価損につき上記(1)によれば洗替え方式、上記(2)によれば切放し方式が適用されることに

なるからです。

　この点、法令の規定をみますと、上記(1)の時価法の適用による評価損は、法人税法「第33条第1項の規定にかかわらず」、課税所得の計算上、損金の額に算入する、と規定されています（法法61の3②）。この法人税法第33条第1項の規定は、評価損は損金算入しない、ということを定めたものです。しかし、上記(2)の評価損の損金算入は、法人税法第33条第2項の規定によります。

　そうしますと、「第33条第1項の規定にかかわらず」というのは、同条第1項の規定を排除するものであって、同条第2項の規定までを排除するものではありません。

(4)　したがって、売買目的有価証券である上場株式であっても、その発行法人の資産状態が著しく悪化したため、その価額が著しく低下した限りは、上記(2)による評価損の計上ができるものと考えます。その評価損を計上した後の帳簿価額に基づき上記(1)の時価法を適用することになります。

　もっとも、実務的には、上記(2)による評価損は、売買目的有価証券の発行法人の資産状態や近い将来その時価の回復が見込まれないこと、という難しい判断を要しますから、上記(1)の時価法の適用による評価損を計上するのがよいかもしれません。特に、令和2年度の税制改正により、売買目的有価証券の評価損については、その発行法人の資産状態の悪化が要件とされました（法令68①二）。

　洗替え方式によるといっても、売買目的有価証券であれば、すぐ損益が実現しますから、課税所得の計算にそれほど大きな違いは生じないでしょう。

66 売買目的外有価証券に対するデリバティブ取引による評価損益の処理

Q 税務上、売買目的外有価証券については、上場株式のように市場価格が明らかであっても、期末に時価評価を行い、評価損を損金算入することはできないとのことです。

　この点は、デリバティブ取引を行った場合も同様で、評価損の損金算入は全く認められないのでしょうか。

A 売買目的外有価証券の価額の変動により生ずるおそれのある損失の額を減少させるためにデリバティブ取引を行った場合において、そのデリバティブ取引がその損失の額を減少させるために有効であると認められるときは、その売買目的外有価証券の時価と帳簿価額との差額は、損金の額または益金の額に算入することができます。

解説

(1)　税務上、短期的な価格の変動を利用して利益を得る目的（短期売買目的）で取得した有価証券を「売買目的有価証券」といいます（法法61の3①一、Q64参照）。この売買目的有価証券以外の有価証券が「売買目的外有価証券」です（法法61の3①二）。一般の事業会社などが有する有価証券は、多くは売買目的外有価証券であると思われます。

(2)　その売買目的外有価証券について、税務上は、原価法により評価した金額を期末評価額とします。その「原価法」は、期末時における帳簿価額をもって評価額とする方法ですから（法法61の3①二）、原価法の適用によって、期末時に評価損が生じることはありません。

　市場有価証券であっても、短期売買目的の売買目的有価証券に該当しない場合には、売買目的外有価証券になります。原価法を適用する場面でみる限り、期末の証券取引所における取引の終値が著しく下落したとしても、評価損は生じません。

　もちろん、期末時に時価の著しい低下（時価の帳簿価額の50％相当額の下落と回復可能性の見込みなし）があれば、評価損の計上はできます（法令68①二イ、法基通 9 － 1 － 7 、Q45参照）。

(3)　一方、売買目的外有価証券の価額の変動により生ずるおそれのある損失の額を減少させるためにデリバティブ取引（あらかじめ約定された金利や通貨価格、商品価格などの指標の数値と将来の一定時期の現実の数値との差額を金銭で授受することを約する取引）を行った場合において、そのデリバティブ取引がその損失の額を減少させるために有効であると認められるときは、その売買目的外有価証券の時価と帳簿価額との差額は、損金の額または益金の額に算入することができます（法法61の 7 ）。

(4)　これを「時価ヘッジ処理」といい、本来原価法により評価し評価損益の計上ができない売買目的外有価証券について評価損益を計上し、デリバティブ取引の損益との認識時点を合わせる趣旨によるものです。デリバティブ取引にあっては、期末時に未決済のものがあれば、決済したものとみなして決済損益を計上しなければなりませんから（法法61の 5 ）、そのみなし決済損益と売買目的外有価証券の評価損益とをぶつけて、損益の繰延べを図るということです。

　このような特殊な例外はありますが、売買目的外有価証券について、基本的に期末時に時価評価を行うという考え方は法人税にはありません。

67 「その他有価証券」について期末時に時価評価をした場合の処理方法

> **Q** 会計上、「その他有価証券」に該当するA株式、B株式について期末時に時価評価を行い、A株式は評価益200万円を「純資産の部」に計上し、B株式は評価損500万円を損失に計上しました。
>
> 税務上においても、「その他有価証券」について、このような時価評価を行い、評価損の損金算入ができるのでしょうか。

A 税務上は、「その他有価証券」は期末において原価法（期末時における帳簿価額をもって評価額とする方法）により評価しますから、企業会計のような、期末に時価評価を行うことはできません。

解　説

(1)　会計上、「その他有価証券」（売買目的有価証券、満期保有目的債券、子会社株式、関連会社株式以外の有価証券）については、時価をもって貸借対照表価額としなければなりません。その場合、時価と帳簿価額との差額である評価差額は、洗替え方式に基づき「純資産の部」に計上します（金融商品会計基準18項、企業会計基準委員会・平成17.12.9「貸借対照表の純資産の部の表示に関する会計基準」8項、「貸借対照表の純資産の部の表示に関する会計基準等の適用指針」）。

(2)　その「純資産の部」に計上する方法として、①全部純資産直入法（評価差額金の合計額を純資産の部に計上する方法）と②部分純資産直入法（評価差益は純資産の部に計上し、評価差損は当期の損失として処理する方法）とがあります。

　ご質問の場合は、部分純資産直入法により処理をしたようであり、次のような会計処理を行っているはずです（税効果は考慮せず）。

　A株式　200万円　　／　その他有価証券評価差額金　200万円
　　　　　　　　　　　　　　　（純資産の部）

　株式評価損　500万円　　／　　B株式　500万円

(3)　これに対し、税務上は、「その他有価証券」は期末において原価法（期末時における帳簿価額をもって評価額とする方法）により評価します（法法61の3①二）。企業会計のような、期末に時価評価を行うことはできません。すなわち、会計上、評価損益を認識したとしても、税務上はその評価損益を益金または損金に算入する必要はありません。

　そのため、会計上、評価差額の全額を洗替え方式により「純資産の部」に計上した場合であっても、税務上その有価証券の帳簿価額は期末時の時価評価を行う前の金額となります（法基通2-3-19）。

(4)　会計上、評価差額の処理につき全部純資産直入法による場合は、損益は計上されませんから、課税所得の計算には影響がありません。これに対し、部分純資産直入法による場合には、評価差損は当期の損失として処理されますが、その評価差損について、税務上は損金の額に算入することはできません。

　ただし、評価差損を計上した株式につき、税務上評価損の計上ができるのであれば、評価損として損金算入することは可能です（法法33②、法令68①二、法基通9-1-7、9-1-9、9-1-11）。

(5)　また、会計上、「純資産の部」に計上した評価損益は、法人税法上の資本金等の額（法法2十六、法令8）と利益積立金額（法法2十七、法令9）のいずれにも該当しません（法基通2-3-19(注)(1)）。

　そこで、上記(2)のような会計処理を行った場合には、次のような申告

調整が必要です。

（別表四）

区　　　　分			総　　　額	留　　　保	社外流出
加算	株式評価損の損金不算入額	9	5,000,000	5,000,000	

（別表五（一））

区　　　　分		期首積立金額	当期の減	当期の増	期末積立金額
A株式	3			△2,000,000	△2,000,000
B株式	4			5,000,000	5,000,000
その他有価証券評価差額金	5			2,000,000	2,000,000

(6)　なお、「外貨建その他有価証券」の期末時の円換算は、企業会計は決算日レート法（決算時の為替相場で円換算する方法）によります（企業会計審議会・昭和54.6.26「外貨建取引等会計処理基準」一2(1)③ロ）。

　これに対し、法人税では発生時換算法（取得・発生時の為替相場で円換算する方法）により円換算します（法法61の9①二ハ）。

　以上のように「その他有価証券」に対する企業会計と法人税の取扱いは、決定的に異なっていますから、留意しなければなりません。

68 「その他有価証券」のクロス取引により生じた売却損の損金算入の可否

Q 保有する「その他有価証券」である株式の時価が下落して含み損を抱えており、その含み損を顕在化させたいと考えていますが、評価損の計上要件を満たしていません。

そこで、その株式をいったん時価で売却して売却損を計上し、その後買戻しをした場合、その売却損の損金算入は認められるでしょうか。

A ご質問のような取引はクロス取引に該当し、会計上も税務上も、有価証券のクロス取引は、その売却はなかったものとして処理しなければなりませんから、売却損の損金算入はできません。

解 説

(1) 保有する株式などの有価証券をいったん譲渡し、その後同じ銘柄等の有価証券を再び購入する取引を「クロス取引」といいます。その目的は、一般に有価証券の含み損益を実現させることにあります。

その有価証券のクロス取引による譲渡損の計上について、従来、評価損の計上ができないにもかかわらず、実質的に評価損の計上を意図するものとして租税回避行為ではないかという議論がみられました。この点、所得税に関するものですが、国税不服審判所は租税回避行為ではないとした裁決があります。その裁決において、審判所は、保有株式の値下り損失を現実の売却により顕在化させただけで、意図的に作出したものではないこと、株式取引は極めて経済的危険が多い取引であることから、値下り損失を実現している以上、評価損と同視することはできない、と

四　有価証券の評価損

いっています（審判所裁決　平成2.4.19　裁決事例集No.39　106頁）。

(2)　会計上、有価証券も金融資産に含まれます。その金融資産の消滅の認識要件は次の3点です。しかし、クロス取引は次の③の要件を満たしませんから、売買としての処理はできません（金融商品会計基準9項、金融商品会計実務指針42項、255項）。すなわち、その有価証券の売買はなかったものとして処理します。

①　譲渡された金融資産に対する譲受人の契約上の権利が譲渡人およびその債権者から法的に保全されていること。

②　譲受人が譲渡された金融資産の契約上の権利を直接または間接に通常の方法で享受できること。

③　譲渡人が譲渡した金融資産を当該金融資産の満期日前に買戻す権利および義務を実質的に有していないこと。

(3)　この会計上の取扱いに対応して、法人税でも平成12年に法人税基本通達が改正され、クロス取引の取扱いが明確化されました。すなわち、同一の有価証券が売却の直後に購入された場合において、その売却先から買戻しまたは再購入（証券業者等を通ずる購入を含む）をする同時の契約があるときは、その売却はなかったものとして処理しなければなりません（法基通2－1－23の4）。

このように現在では、クロス取引に対する企業会計と法人税の姿勢は、同じになっています。ただ、実務的には、いったん有価証券を売却してから、どのくらい時間をおいて再び購入すれば、クロス取引とみられないのか、といった議論が残されています。

(4)　「その他有価証券」は、法人税では期末に時価評価を行いませんから（Q67参照）、クロス取引の是非が問題になります。これに対し、「売買目的有価証券」については、期末に時価評価を行い、その評価差損益は

課税の対象になりますから（法法61の3、Q64参照）、クロス取引の是非を論ずる実益はありません。

(5)　なお、有価証券のクロス取引に類似する取引に、ゴルフ会員権の買戻取引があります。それは、ゴルフ会員権を年末に譲渡し、翌年首に買戻すというものです。その買戻取引の目的は、ゴルフ会員権の譲渡損失を創出し、その譲渡損失と給与所得とを通算して、源泉徴収された所得税の還付を受けるということです。ただし、現在ではその通算はできません。

このゴルフ会員権の買戻取引が租税回避行為であるかどうか争われた事例があり、審判所はいずれも租税回避行為であると裁決しています。その詳細はQ79を参照してください。

《参考裁決例》

○　値下がりしている保有株式を売却すると同時に、同一銘柄の株式を同株数、同価額で購入する取引によって生じた売却損について、原処分庁は、かかる取引は手数料等の実損を生じるだけで積極的な利益追求としてのメリットは全くなく、株式売却損を発生させ、他の売買益と通算して税負担を減少させる目的で行ったものと認められるから、所得税法に内在する実質課税の条理に基づき、本件取引はなかったものとして雑所得の金額を計算すべきである旨主張する。

しかし、①本件売却損は、保有株式の値下がりによる損失を現実の売却により顕在化させただけであって、意図的に作り出したものではないから、結果として損失が生じたとしても、不自然、不合理なものとはいえないし、②保有株式の値下がりによる損失を顕在化させる目的で本件取引をしたものであっても、株式取引が極めて経済的危険の多い取引であり、所得税が

201

経済取引上考慮されるべき経済的負担であることを考えると、そのような目的があるからといって、これを不自然、不合理として否定することはできず、③現実の取引によって値下がり損失を実現している以上、評価損と同視することはできず、仮装ないし不自然な取引ともいえないから、その行為は租税回避行為に当たらない（審判所裁決　平成2.4.19　裁決事例集No.39　106頁）。

69 多額の配当を受けその帳簿価額を減額した子法人株式に評価損を計上する場合の帳簿価額

Q 令和2年度の税制改正により、特定支配関係がある子法人からその子法人株式の帳簿価額に比して多額の配当を受けた場合には、その受取配当額のうち益金不算入額相当額は、その子法人株式の帳簿価額から減額をすべきこととされました。

その子法人株式に対して評価損を計上する場合、評価損の額の計算の基礎になる帳簿価額は、その減額後の帳簿価額になるのでしょうか。

A 評価損の額の計算上、その計算の基礎になる対象資産の帳簿価額は税務上の帳簿価額をいいますから、質問の場合、その子法人株式の帳簿価額は減額後の帳簿価額となります。

解 説

(1) 従来から、子法人株式の譲渡に当たり、そのまま譲渡すると譲渡益が生じると見込まれる場合、その子法人から多額の配当を受けてその純資産額を減少させ、子法人株式の評価額が下落した後、その子法人株式を譲渡して譲渡損を創出するような行為がみられました。受取配当は益金不算入になり、譲渡損は損金算入になることを企図したもので、国際的な租税回避に用いられているとの指摘がされていたところです。

そこで、このような租税回避行為に対処するため、令和2年度の税制改正により、特定関係子法人から受ける配当等の額が、その子法人株式の帳簿価額の10%相当額を超える場合には、その配当額のうち益金不算入額相当額はその子法人株式の帳簿価額から減額すべきものとされまし

203

た（法令119の3⑦～⑬、119の4①）。ここで「特定関係子法人」とは、その配当等の決議の日において特定支配関係（一の者が直接・間接に50％超の持株を保有する関係）を有する法人をいいます。

　これは、特定関係子法人株式の帳簿価額を減額することにより、譲渡損の創出を排除し、受取配当の益金不算入額を譲渡益として取り戻そうとするものです。ただし、特定支配関係発生日から10年経過後に受ける配当等や配当金額が2,000万円を超えない配当等については、この特例の適用はありません。

⑵　この特定関係子法人株式の帳簿価額の減額措置の適用がある場合、税務上の仕訳と申告調整は、次のとおりです。ただし、特定関係子法人から受けた配当の益金不算入額は7,000万円とします。

　利益積立金額　70,000,000　／　子法人株式　70,000,000

（別表四）

区　分			総　額	留　　保	社外流出
減算	受取配当等の益金不算入額	14	70,000,000		70,000,000

（別表五（一））

区　分		期首積立金額	当期の減	当期の増	期末積立金額
子法人株式	3			△70,000,000	△70,000,000

⑶　このように、特定関係子法人株式から減額する金額は、利益積立金額の減少として処理します（法令9①一ワ）。このことは、税務上の特定関係子法人株式の帳簿価額は、会計上の帳簿価額より7,000万円少ないことを意味しています。

　したがって、その特定関係子法人株式に対して評価損を計上する場合の、評価損の額の計算の基礎になる帳簿価額は、7,000万円減額をした後の帳簿価額である、ということになります（法基通9－1－12の2）。

特定関係子法人株式の帳簿価額を減額する前に評価損を計上するのではないということです。

70 特別新事業開拓事業者の特定株式に特別勘定を設けている場合の評価損の計上の可否等

Q 令和２年度の税制改正により、新事業開拓事業者と共同して特定事業活動を行う法人が、特別新事業開拓事業者が行う増資に伴う払込みにより特定株式を取得した場合、その特定株式の取得価額の25％相当額を特別勘定として経理し損金算入することができることとされました。

この特別新事業開拓事業者の業績が著しく悪化した場合、この特別勘定を設けている特定株式に対して評価損を計上することができるでしょうか。特別勘定の設定自体がいわば評価損であるとして、二重の評価損の計上は認められないことになるのでしょうか。

もし評価損の計上が認められるとしても、評価損の額の計算の基礎になる特定株式の帳簿価額は、会計上の帳簿価額から特別勘定の金額を控除した後の金額とすべきでしょうか。

A 特別勘定を設定している特定株式であっても、評価損の計上事実が生ずれば評価損の計上ができますし、評価損の額の計算上、その帳簿価額について、会計上の帳簿価額から特別勘定の金額を控除した後の金額とする必要はありません。

解説

(1)　令和２年度の税制改正により、青色申告法人で新事業開拓事業者と共同して特定事業活動を行うものが、令和２年４月１日から令和４年３月31日までの期間内に特定株式を取得し、その取得事業年度末まで引き続

206

き有している場合には、その特定株式の取得価額の25％相当額以下の金額を確定決算において特別勘定として経理し、その特別勘定の金額の損金算入ができることとされました（措法66の13）。

ここで「新事業開拓事業者」とは産業競争力強化法２条５項に規定する新事業開拓事業者をいい、「特定事業活動」とは、自らの経営資源以外の経営資源を活用し、高い生産性が見込まれる事業を行うことまたは新たな事業の開拓を行うことを目指した事業活動をいいます。

また、「特定株式」とは、特別新事業開拓事業者（新事業開拓事業者のうち特定事業活動に資する事業を行う株式会社で設立後10年未満の未上場であること等、所定の要件を満たすもの）の株式のうち、増資に伴う払込みにより交付されたものであること、その株式の保有が５年を超える期間継続する見込みであること、取得する株式の額が１億円（中小企業者は1,000万円）以上であること等の要件を満たすものをいいます。

この制度は、オープンイノベーションとして自社にない技術等を持つベンチャー企業と協同することにより、生産性向上につながる事業革新を図ることを支援する趣旨のものです。

(2) そこで、ご質問のように、この「特定株式」について評価損の計上が認められるかどうかです。

上記(1)の特別勘定の損金算入限度額である「特定株式の取得価額の25％相当額」の計算に当たり、その特定株式の取得事業年度において損金算入された評価損の額がある場合には、その25％相当額は評価損の額を控除した後の金額とします（措法66の13①）。

これは、特定株式に対する評価損はその取得した事業年度においてもあり得るという前提でしょう。

また、「特定株式」に係る特別勘定は、「特定株式についてその帳簿価

額を減額した場合」すなわち評価損を計上した場合には、取り崩して益金算入しなければなりません（措法66の13⑪六）。

　これら「特定株式」の評価減をする場合、いずれの銘柄等の株式の帳簿価額から評価損の額を減額するかは法人の計算によります（措通66の13－2）。

　これらの定めがあること自体、特定株式であっても評価損の計上が認められることを意味しています。特別勘定を設定する「特定株式」であっても、特別新事業開拓事業者の資産状態が著しく悪化したため、その価額が著しく低下した場合には評価損の計上が認められます（法令68①二ロ、法基通9－1－9、9－1－11）。

　しかし、特別勘定の損金算入限度額は評価損の額を控除した後の金額とし、また、評価損を計上した場合には特別勘定を取り崩して益金算入する必要があります。これにより、いわば二重に評価損を計上するようなことにはなりません。

(3)　次に、特別勘定を設定している「特定株式」について評価損の計上ができるとしたら、その評価損の額の計算上、特定株式の帳簿価額は、会計上の帳簿価額から特別勘定の金額を控除した後の金額とすべきかどうかが問題です。

　この点、特別勘定は、あくまでも「特定株式」の取得価額の25％相当額を政策的に損金算入することを認めるものであって、「特定株式」の帳簿価額を減額する趣旨のものではありません。特別勘定は未決算ないし備忘勘定のような性格のものといえましょう。Q69の特定関係子法人株式の帳簿価額の減額措置とは、異なるということです。

　したがって、評価損の額の計算の基礎になる特定株式の帳簿価額は、会計上の帳簿価額から特別勘定の金額を控除するような必要はありませ

ん。

⑷ なお、法人が資源開発事業法人や資源探鉱事業法人等の株式を取得し、海外投資等損失準備金を設定した場合にも、同じような問題があります。すなわち、法人が、国外において資源（石油、可燃性天然ガス、金属鉱物）の探鉱、開発または採取の事業を行う法人（資源開発事業法人、資源探鉱事業法人等）の発行する新株式（特定株式等）を取得した場合には、その特定株式等の取得価額の20％ないし50％相当額の海外投資等損失準備金の設定が認められています（措法55）。

特に、海外投資等損失準備金は、「特定株式等の価格の低落による損失に備えるため」と明確に趣旨を規定していますから（措法55①）、特定株式等に評価損を計上すれば、二重に評価損を計上するのではないか、という疑問が顕在化します。

この点、海外投資等損失準備金にあっても、上述した特別勘定と同じように、準備金の積立限度額は評価損の額を控除した後の金額とし（措法55①）、特定株式等に評価損を計上した場合には、準備金を取り崩して益金算入すべきこととされています（措法55④五）。

特定株式等についても評価損の計上はできますが、その場合には、いわば二重に評価損が計上されることのないよう、所要の調整措置が講じられています。

71 株式制ゴルフ会員権の取引相場が下落した場合の評価損計上の可否

> **Q** 株式制ゴルフ会員権（簿価1,500万円）の取引相場が暴落し、取得価額の３分の１以下の500万円になっています。
>
> このように取引相場が暴落したゴルフ会員権について、評価損を計上することができるでしょうか。

A 株式制ゴルフ会員権は株式ですから、取引相場が下落していることだけでは評価損の計上は認められず、①ゴルフ場会社の資産状態の著しい悪化と②株価の著しい低下の事実が生じている必要があります。

解　説

(1) ゴルフ会員権には、大別して社団制（会員は社団法人の社員であり、ゴルフクラブ運営権と優先的施設利用権をもつもの）、株式制（会員が株主であり、優先的施設利用権と株主権をもつもの）および預託金制（会員は保証金を預託し、優先的施設利用権と預託金返還請求権をもつもの）とがあります。

そのゴルフ会員権について、会計上、①時価があるものは著しく時価が下落（50％以上）した場合、②時価のないものは株式の発行会社の財政状態が著しく悪化（50％以上）した場合には、有価証券に準じて減損損失を認識します。また、③預託保証金の回収可能性に疑義が生じた場合は、貸倒引当金を設定しなければなりません（金融商品会計実務指針135項）。

(2) 株式制ゴルフ会員権は、株主権とともに、ゴルフ場の優先的施設利用

権が付与されたものではありますが、あくまでも有価証券である株式です。そこで、税務上においては、評価損計上の可否は、通常の株式と同様に取り扱われます。

　ゴルフ場会社の株式は非上場のものが多いと思われますが、①ゴルフ場会社の資産状態の著しい悪化と②株価の著しい低下の事実が生じていなければ、評価損を計上することはできません（審判所裁決　平成12.5.30　裁決事例集No.59　172頁）。

(3)　企業会計の考え方と異なり、市場での取引相場などの時価があってその時価が著しく下落したからといって、そのことだけでは評価損を計上することは認められません。この点は、預託金制ゴルフ会員権であっても、全く同様です（審判所裁決　平成16.1.15　裁決事例集No.67　464頁）。

　ご質問の場合も、取引相場が暴落し取得価額の３分の１以下になっていることだけでは評価損の計上は認められません。あくまでも、①ゴルフ場会社の資産状態の著しい悪化と②株価の著しい低下の事実が生じている必要があります。

《参考裁決例》

○　請求人は、本件株式のゴルフ会員権売買市場における取引価額が下落したことは、当該株式の発行法人の土地及び借地権の価額等の下落が主たる要因でその資産状態が著しく悪化したことは明白であり、本件評価損は施行令第68条第２号ロの規定に該当すると主張するが、本件株式はＧゴルフクラブの会員権としての地位を表彰しているものであるところ、そのゴルフ会員権売買市場における取引価額は、ゴルフ場の施設利用権としての価値の上下を含む需要と供給の関係で成立するものであるから、その取引価

額が下落したことをもって、直ちに発行会社の資産状態が著しく悪化したことを意味するものではないし、また、当審判所の調査によっても、発行会社の資産状態が著しく悪化したとの事実を認めることはできず、施行令第68条第2号ロに規定する「有価証券を発行する法人の資産状態が著しく悪化したこと」には該当しないから、請求人の主張は採用できない（審判所裁決　平成12.5.30　裁決事例集No.59　172頁）。

○　請求人は、本件各ゴルフ会員権は、実質的に優先的プレー権がなく、預託金の返還も期待できず、著しく価格が下落しているので、法人税法施行令第68条第3号ヘに規定する特別の事実に該当し、その評価損は損金の額に算入できると主張するが、本件事業年度の末日までにおいて、請求人が本件各ゴルフ場を優先的に利用する権利を失ったという事実は認められないこと、及び単なる取引価格の下落は、法人税法施行令第68条第3号イからホまでに掲げる固定資産の評価損の要件とはされていないことから、本件各ゴルフ会員権に係る請求人の主張は、法人税法施行令第68条第3号に規定する各事実とは認められず、また、そのほかにこれらの規定に該当する事実は認められないので、本件評価損を本件事業年度の損金の額に算入することはできない（審判所裁決　平成16.1.15　裁決事例集No.67　464頁）。

72 ゴルフ会員権が分割された場合の損益の計上の可否

Q 預託金制ゴルフ会員権（簿価1,200万円、預託金1,000万円）について、ゴルフ場会社の経営不振により、償還期限の延長をするため、預託金を1口500万円とする会員権2口に分割されました。

この場合、その分割を機に新たな預託金合計1,000万円と帳簿価額1,200万円との差額200万円は、損失として計上してよいでしょうか。

A 単に預託金が2口の会員権に分割されたことをもって、損益を生じさせることは適当でなく、帳簿価額1,200万円を600万円ずつの2口の会員権に付け替えることになります。

解説

(1) ご質問のようなゴルフ会員権の分割については、法的性格を①契約内容の変更とみるか、②既存契約の解除と新規契約の締結とみるか、という二つの考え方があります。②の考え方をとれば、2口への分割を機に償還損が実現したものとして、その差額200万円は損金算入が認められるといえましょう。

(2) しかし、ゴルフ会員権はそもそもゴルフ場施設の優先的利用権を内容とするものです。預託金が2口に分割されたとしても、従来と同じようにそのゴルフ場施設を優先的に使用することができます。何ら権利関係に変更はなく、むしろ2口に分割されたことによって、二人が利用でき、利用し易くなったともいえましょう。

また、将来返還されることになる預託金の総額には、何ら変更はあり

ません。

(3)　したがって、ご質問のように、単に預託金が2口の会員権に分割されたことをもって、損益を生じさせることは適当でないと考えます。帳簿価額1,200万円を600万円ずつの2口の会員権に付け替えるべきことになります。

　　　このことは、逆にご質問の場合、帳簿価額（取得価額）が800万円であっても、償還益を認識する必要はありません。帳簿価額800万円を400万円ずつの2口の会員権に付け替えれば足ります。

《参考裁決例》

○　請求人は、保有する預託金制ゴルフクラブの会員権につき、預託金の据置期間（10年間）経過直前において、当該経営会社から①預託金の一部は返還する旨、②2口の会員権に分割する旨、③残余の預託金はさらに10年間据え置く旨の申し出を受け、その申出に合意したのであるが、請求人は、資産計上している返還されない入会登録料について、当該合意により当該ゴルフクラブを退会し、新たに入会契約を締結して2口の会員権を取得したのであるから、当該事業年度において入会登録料の損金算入を認めるべきである旨主張する。

　　しかし、請求人は、会員（法人正会員）としての地位を有したまま経営会社の申出に応じ、その結果、預託金の一部の返還を受けるとともに、会員としてプレーできるものが1名増加したというのが実態であって、既存の会員権の権利関係が変更されたにすぎず、退会を理由として本件入会契約が解除されたとみるのは相当でなく、本件変更合意後においても依然として効力を有しているものと認めるのが相当であるから、入会登録料を本件事業年度の所得の金額の計算上、損金の額に算入することは認められな

いとした本件更正処分は適法である（審判所裁決　平成13.2.27　裁決事例

集No.61　403頁）。

73 ゴルフ会員権が預託金制から株式制に転換された場合の損失計上の可否

Q 保有するゴルフ会員権（帳簿価額3,500万円、預託金3,000万円）が預託金制から株式制に転換され、株式10株と1口の会員権の交付を受けました。

そこで、その預託金の回収可能額（時価）が2,000万円であるとした場合、新会員権（株式）の帳簿価額を2,000万円とし、旧会員権の帳簿価額3,500万円との差額1,500万円は損失に計上してよいでしょうか。

A ゴルフ会員権の預託金制から株式制への転換が合理的で、預託金の時価が適正である限り、預託金の額面3,000万円と時価2,000万円との差額1,000万円は損金算入され、帳簿価額3,500万円と預託金3,000万円との差額500万円は、新株式の帳簿価額に引き継ぐべきものと考えます。

解説

(1) 預託金制ゴルフ会員権における預託金は、会員にとっては債権、ゴルフ場会社にとっては債務です。ゴルフ場会社にとって、その債務である預託金を資本である株式に転換するのは、デット・エクイティ・スワップ（DES、債務の資本化）といえましょう。

そのDESは債権という現物を出資する現物出資ですから、税務上、債務者側においては、出資を受けた債権の時価相当額を資本金等の額に計上します（法令8①一）。そして、その債権の時価と券面額との差額は、債務消滅益として益金を認識しなければなりません（Q60参照）。

216

そこで、ご質問の場合、債務者であるゴルフ場会社の処理は、次のようになります。

預託預り金　3,000万円　／　資本金等の額　2,000万円
　　　　　　　　　　　　　　債務消滅益　　　1,000万円

(2)　一方、ＤＥＳが行われた場合、債権者側は交付を受けた株式の時価と債権の券面額との差額は、貸倒損失（ないし譲渡損失）となります。ただし、税務上は、この貸倒損失の損金算入はＤＥＳが合理的な再建計画等に定めるものである必要があります（法基通2－3－14、Q60参照）。

　そこで、ご質問の場合、債権者である会員における預託金の処理は、預託金制から株式制への転換が合理的であり、預託金の時価が適正である限り、次のようになるものと考えます。

有価証券　2,000万円　　／　ゴルフ会員権　3,000万円
貸倒損失　1,000万円

この貸倒損失1,000万円は、損金の額に算入されます。

(3)　問題は、帳簿価額（取得価額）3,500万円と預託金3,000万円との差額500万円の処理いかんです。この500万円は、取得時のこのゴルフ場会員権のプレミアムであり、優先的施設利用権の一部といえます。したがって、預託金制から株式制へ転換されても、従来どおりの優先的施設利用が保証されている限り、株式の帳簿価額に引き継ぐべきものと考えます。その結果、ご質問の場合、株式制への転換後の株式（ゴルフ会員権）の帳簿価額は2,500万円にすべきことになります。

(4)　以上の検討は、ゴルフ会員権の預託金制から株式制への転換を、通常のＤＥＳの処理方法の観点から行ったものです。しかし、株式制ゴルフ会員権の株式は、株主権とともに優先的施設利用権を内包するものであり、通常の株式とは趣を異にしています。そのため、ゴルフ会員権の時

四　有価証券の評価損

価の算定に当たっては、通常の株価と優先的施設利用権の価額を総合してその算定を行うことも考慮すべきでしょう。

《参考裁決例》

○　預託金制から株式制に転換されたゴルフ会員権は、その転換の前後においてもゴルフ会員権としての資産の同一性を維持しており、また、この転換により請求人が保有することとなった本件株式に対して付与された価額（払込価額）は、発行会社の時価純資産価額を算出して決定されたものではなく、他社の預託金問題の解決事例にならって単に額面金額の50％と決定したものに過ぎず、預託金債権を回収し株式制ゴルフ会員権に転換することを目的として付与された、特に法的又は経済的な裏付けのない名目的な価額に過ぎないから、本件株式の帳簿価額は、預託金制ゴルフ会員権の帳簿価額を引き継ぐこととするのが相当であり、転換に伴い帳簿価額を減額することは認められない。

　そして、本件株式は、一連の転換スキームに伴い取得したものと認められるところ、請求人が本件評価損が生じていると主張する平成19年8月期末における本件株式1株当たりの純資産価額は、本件株式取得時の1株当たりの純資産価額に比しておおむね50％以上下回っているとは認められない。そうすると、本件株式を発行する法人の資産状況が著しく悪化したとは認められないから、本件株式について評価損を計上することは認められない（審判所裁決　平成22.2.15　裁決事例集No.79　341頁）。

74 預託金制ゴルフ会員権の預託金の一部が返還された場合の処理

Q 預託金制ゴルフ会員権（簿価1,500万円、預託金1,000万円）の預託金の償還期限が到来し、返還を受けることになりましたが、ゴルフ場会社の経営が思わしくないため、預託金1,000万円のうち半額500万円だけが返還されました。

この場合、帳簿価額1,500万円のうち半額750万円をゴルフ会員権の帳簿価額から減額し、250万円は損金算入してよいでしょうか。

A 預託金が半額になったとしても、従来どおりの優先的施設利用権が保証されている限り、プレミアムの半額250万円の損金算入はできないものと考えます。

解 説

(1) 預託金制ゴルフ会員権における預託金は、会員のゴルフ場会社に対する預け金です。その性格は、会員にとっては、ゴルフ場施設の建設費などに充てる保証金であると考えられています。そして、所定の償還期限が到来すれば、返還されるべきものです。

(2) ご質問の場合、預託金1,000万円のうち500万円が返還されましたから、単に預託金が500万円になったということです。

問題は、ご質問のように、次のような処理をしてよいのかどうかです。

現金預金　500万円　／　ゴルフ会員権　750万円
償還損失　250万円

つまり、預託金の半額返還を機にプレミアム500万円（1,500万円−

1,000万円）のうち半額250万円を損金算入してよいのかどうかということです。この点、預託金が半額になったとしても、従来どおりの優先的施設利用権が保証されているとすれば、償還損失として250万円を損金算入することはできないものと考えます。

(3)　一方、もしご質問のゴルフ会員権を700万円で取得していた場合には、次のような処理をすべきものと考えます。

　　　現金預金　500万円　／　ゴルフ会員権　500万円

　　　次のように処理する必要はないものと考えます。

　　　現金預金　500万円　／　ゴルフ会員権　350万円
　　　　　　　　　　　　　　　償還利益　　　　150万円

　　すなわち、預託金の半額500万円が返還されたので、帳簿価額も半額の350万円を減額し、差額は償還利益として計上しなければならないのかどうかです。しかし、単に500万円の預託金が返還されたにすぎませんから、償還利益を認識する必要はないものと考えます。

75 ゴルフ場会社に特別清算開始の申立てがあった場合の預託金の貸倒引当金設定の可否

 Q 保有する預託金制ゴルフ会員権に係るゴルフ場会社が経営破綻し、特別清算開始の申立てを行い、預託金1,000万円は5％程度の返還になる見込みです。

当社（資本金5,000万円）がその特別清算に同意している場合、預託金1,000万円の50％相当額の貸倒引当金を設定することができるでしょうか。

A 特別清算に同意をしていることからみて、預託金1,000万円の50％相当額の貸倒引当金を設定することができるものと考えます。

解　説

(1) 預託金制ゴルフ会員権における預託金は、商品を売り上げた売掛金や資金を貸し付けた貸付金などと異なり、ゴルフ場会社に対する預け金です。そのため、預託金が預け金である限り、預貯金と同じように金銭債権ではありませんから、貸倒損失や貸倒引当金の対象にすることはできません。

しかし、預託金制ゴルフ会員権について、退会の届出、預託金の一部切捨て、破産手続開始の決定等により預託金返還請求権が顕在化した場合には、金銭債権として貸倒損失または貸倒引当金の対象とすることができます（法基通9－7－12（注））。このような事情が生じた場合には、単なる預け金から具体的に返還請求ができるという金銭債権に転換するからです。

⑵　一方、中小企業者や金融・保険業者などにあっては、債務者に更生手続開始の申立てや再生手続開始の申立て、破産手続開始の申立てや特別清算開始の申立てなどがあった場合には、その債権金額の50％相当額を個別貸倒引当金として損金算入をすることができます（法法52①、法令96①三）。

⑶　そこで、ご質問のように、特別清算に同意をしたということは、預託金返還請求権が顕在化したとみてよい、と考えられます。

　したがって、まだ特別清算開始の申立ての段階ですから、預託金1,000万円の50％相当額の個別貸倒引当金を設定することができるものと考えます。

　その後、特別清算開始の決定があり、具体的にたとえば預託金1,000万円のうち5％相当額の50万円だけが返還され、残り950万円は切り捨てられたとすれば、その950万円は切捨てがあった事業年度において貸倒損失に計上します。

76 破綻した預託金制ゴルフクラブの入会金の損金算入の可否

Q 預託金制ゴルフ会員権（簿価3,500万円、預託金3,000万円）に係るゴルフ場会社が経営破綻し、民事再生計画認可の決定により、預託金が3分の2相当額（2,000万円）が切り捨てられ、1,000万円になりました。

この場合、その簿価3,500万円と切捨後の預託金1,000万円との差額2,500万円を損金算入してよいでしょうか。

A 切り捨てられた預託金額2,000万円は、貸倒損失として損金算入をすることができますが、預託金額以上で取得している場合の取得価額と預託金額との差額500万円は損金算入することはできないものと考えます。

解 説

(1) 預託金制ゴルフ会員権における預託金は、会員のゴルフ場会社に対する預け金です。会員契約の解除がなければ、ゴルフ場会社に対する預託金返還請求権という金銭債権には転換しないものと考えられます。そのため、預託金が預け金である限りは、貸倒損失や貸倒引当金の対象にすることはできません。

(2) しかし、預託金制ゴルフ会員権について、退会の届出、預託金の一部切捨て、破産手続開始の決定等により預託金返還請求権が顕在化した場合には、金銭債権として貸倒損失または貸倒引当金の対象とすることができます（法基通9－7－12（注））。

223

　　また、金銭債権については、再生計画認可の決定により切り捨てられた場合には、その切り捨てられた部分の金額は、貸倒損失として損金算入をすることが認められます（法基通9－6－1）。

　　そこで、ご質問の場合、少なくとも預託金3,000万円のうち切り捨てられた2,000万円は、特に問題なく貸倒損失として損金算入をすることができます。預託金3,000万円のうち2,000万円は、法律的、絶対的に消滅してしまうからです。

(3)　ここで問題は、ご質問のように、その帳簿価額3,500万円と切捨後の預託金1,000万円との差額2,500万円を損金算入できるのではないか、という点です。

　　しかし、帳簿価額3,500万円と当初預託金3,000万円との差額500万円は、ゴルフ場施設の優先的利用権であるプレー権のプレミアムと認められます。そうしますと、預託金の一部が切り捨てられたからといって、優先的プレー権は保証されていますから、その差額500万円の損金算入はできないものと考えます。

　　その結果、預託金切捨て後のゴルフ会員権の帳簿価額は、1,500万円（3,500万円－2,000万円）となります。

(4)　なお仮に、ご質問のゴルフ会員権の帳簿価額が預託金以下の2,500万円である場合には、貸倒損失の金額は1,500万円（2,500万円－1,000万円）とすべきです。すなわち、預託金2,000万円が切り捨てられても預託金1,000万円の債権は残っていますから、その1,000万円をゴルフ会員権の帳簿価額とすべきであるからです。

77 破綻したゴルフ会員権が新会員権に切り替えられた場合の損失処理の可否

Q 預託金制ゴルフ会員権（簿価1,500万円、預託金1,000万円）に係るゴルフ場会社が経営破綻し、民事再生計画認可の決定により、預託金が95％相当額の950万円切り捨てられ、残額50万円は新会員権に切り替えられました。

この場合、帳簿価額1,500万円と新会員権価額50万円との差額1,450万円は損金算入してよいでしょうか。

A 切り捨てられた預託金額950万円は貸倒損失として損金算入ができますが、帳簿価額と当初預託金との差額500万円部分は、損金算入できないものと考えます。

解説
━━━━━━━━━━━━━━━━━━━━━━━━━━━

(1) 預託金制ゴルフ会員権について、退会の届出、預託金の一部切捨て、破産手続開始の決定などにより預託金返還請求権が顕在化した場合には、金銭債権として貸倒損失または貸倒引当金の対象とすることができます（法基通9－7－12（注））。

また、金銭債権については、再生計画認可の決定により切り捨てられた場合には、その切り捨てられた部分の金額は、貸倒損失として損金算入をすることが認められます（法基通9－6－1）。

したがって、ご質問の場合、預託金1,000万円のうち切り捨てられた950万円は、特に問題なく貸倒損失として損金算入をすることができます。預託金1,000万円のうち950万円は、法律的、絶対的に消滅してしま

うからです（Q76参照）。

(2)　たしかに、民事再生計画認可の決定に伴い旧会員権（預託金1,000万円）から新会員権（預託金50万円）へ切り替えられた場合には、そこで旧会員権の課税関係はすべて清算するという考え方がありましょう。あくまでも法的、形式的には旧会員権は消滅し、新会員権を取得したことになりますから、入会金等（取得価額と預託金との差額）も消滅するというのが合理的なようにも思われます。

(3)　しかし、そもそもゴルフ会員権は、株式制のものであれ、預託金制のものであれ、その本質はゴルフ場施設の優先的利用権（プレー権）を内容とするものです。そうであれば、入会金はゴルフ場施設の優先的利用権のプレミアムであると考えられます。

　　そうしますと、旧会員権から新会員権へ切り替えられたとしても、従来どおり優先的施設利用権が保証されている限り、優先的施設利用権にはなんら変更はなかったといえます。

　　したがって、ご質問の入会金相当額500万円は新会員権に引継ぎ、損金算入はできないものと考えます。その結果、新会員権の帳簿価額は550万円を付すべきことになります。

(4)　なお、もしこのゴルフ会員権が市場で新会員権価額の50万円前後で取引されているとしても、新会員権の帳簿価額550万円との差額を評価損に計上するようなことはできません。預託金制ゴルフ会員権の預託金はあくまでも債権であり、市場価額の下落だけでは評価損の計上はできないからです（Q71、78参照）。

78 ゴルフ会員権を社長に譲渡し譲渡損を計上することの可否

Q 経済のバブル期に取得した預託金制ゴルフ会員権の時価が下落していますので、含み損を顕在化させるため、そのゴルフ会員権を社長に譲渡しようと考えています。

この場合、その譲渡後もゴルフ会員権の利用実態は変わらないことなどを理由に、その際生じる譲渡損は実質的な評価損であるとして否認されるでしょうか。

A ゴルフ会員権を社長に譲渡し、譲渡後もその利用実態が変わらないことをもって、直ちに譲渡がないとして、譲渡損の損金算入ができないことにはなりませんが、真に譲渡があったことを証明する努力をする必要があります。

解 説

(1) 税務上、株式制ゴルフ会員権に対する評価損の可否は、通常の株式と同様に取り扱われます。すなわち、ゴルフ場会社の株式が非上場であれば、①ゴルフ場会社の資産状態の著しい悪化（1株当たりの純資産価額の50％以上の下落）と②株価の著しい低下（時価の50％以上の下落と回復の見込みなし）の事実がなければ、評価損の計上はできません（審判所裁決　平成12.5.30　裁決事例集No.59　172頁、Q71参照）。

(2) 一方、預託金制ゴルフ会員権にあっては、その預託金はゴルフ場会社に対する預け金ですから、原則として貸倒損失や貸倒引当金の対象になりません。ただし、退会の届出、預託金の一部切捨て、破産手続開始の

決定等により預託金返還請求権が顕在化した場合には、金銭債権として貸倒損失または貸倒引当金の対象とすることができます（法基通9－7－12（注））。

　単に取引市場で価格が下落しただけでは、評価損の計上はできません（審判所裁決　平成16.1.15　裁決事例集No.67　464頁、Q71参照）。

(3)　このように、ゴルフ会員権は含み損を抱えていても、評価損や貸倒損失、貸倒引当金の適用対象にすることはなかなか難しいところがあります。

　一方、ゴルフ会員権を譲渡すれば、含み損が譲渡損として実現しますから、損失処理が可能です。ただ、全く部外に譲渡してしまいますと、得意先の接待などに困るということになります。

(4)　そこで、ご質問のように、保有するゴルフ会員権を自社の社長に譲渡することが考えられます。このような場合、ゴルフ会員権の譲渡後も社長がそのゴルフ場を使って得意先を接待するという事情は変わりませんから、譲渡の事実が外形的に現れにくい面があります。

　それでも記名式の会員権であれば名義が変更になりますから、譲渡があったといい易いとはいえましょう。これに対し、法人会員制度がないため会社が社長個人名で入会しているゴルフ会員権を、その社長に譲渡するような場合は、譲渡の事実の立証がいっそう難しくなると思われます。

　そのため、社長にゴルフ会員権を譲渡したのは名目で、単に含み損を顕在化させるための脱法行為ではないか、という議論になりがちです。現に税務署長との間で争いになった事例もあります。

(5)　しかし、社長に譲渡し、譲渡後もその利用実態が変わらないことをもって、すべて譲渡がなかったとはいえません。真に譲渡があったのであ

れば、当然にその譲渡損は損金として認められます。

　もちろん、真に譲渡があったというためには、ゴルフ場会社の経営状況、ゴルフ会員権の譲渡の時期、譲渡の理由、譲渡の相手方の選定の経緯、譲渡価額の適正性、法人の機関決定の有無、譲渡代金の授受、名義書換え書類の交付などに留意する必要があります。

(6)　特に、社長に譲渡後も利用実態は変わらないのに、なぜ今譲渡する必要があるのか、という点がポイントです。会社に緊急の資金が必要であるとか、このまま保有し続ければ損失が拡大するので損切りをするとか、経営上の合理性が説明できなければなりません。

　この点、名義書換停止期間中に社長に譲渡したゴルフ会員権の譲渡の有無が争われた事例がありますが（審判所裁決　平成14.10.2　裁決事例集No.64　287頁）、国税不服審判所は譲渡の事実を認めています。参考になる先例といえましょう。

《参考裁決例》

○　請求人が、その所有していたゴルフ会員権を請求人の代表者に名義変更手続の停止中に譲渡し、その後、倶楽部側の都合により行われた預託金の償還期限の延長及び会員権の分割の手続きに請求人が同意をし、請求人名で手続きが行われているが、これをもって本件ゴルフ会員権の譲渡はなかったものというのは相当でなく、当倶楽部との関係においては名義人である請求人は将来名義変更が可能となった時点で、名義変更承認願い手続きに協力する義務を負っていたことから、代表者に代わって当該手続きを行ったにすぎないと解すべきである。

　また、本件ゴルフ会員権の譲渡は、単に税額を軽減させるために行った不自然かつ不合理な譲渡であるとは認められず、正常な経済行為と認めら

れることから、本件譲渡に係る固定資産売却損の金額は、本件事業年度の所得金額の計算上損金の額に算入するのが相当である（審判所裁決　平成14.10.2　裁決事例集No.64　287頁）。

79 ゴルフ会員権の含み損を買戻取引により実現させることの可否

Q 預託金制ゴルフ会員権については評価損の計上ができませんから、取引相場が下落し含み損を抱えているゴルフ会員権につき、その含み損を実現させるため、その会員権を売却します。

しかし、そのゴルフ場が利用できなくなるのは困りますから、その後同一ゴルフ場の会員権を購入しようと思っていますが、その売却損の損金算入は認められるでしょうか。

A ゴルフ会員権の売却と再購入があっても、ゴルフ会員権の保有関係や利用状況に変化があるわけではありませんから、その売却損の損金算入は難しいと考えます。

解説

(1) 預託金制ゴルフ会員権については、退会の届出、預託金の一部切捨て、破産手続開始の決定等により預託金返還請求権が顕在化した場合には、金銭債権として貸倒損失または貸倒引当金の対象とすることができます（法基通9－7－12（注））。しかし、単に取引市場で価格が下落しただけでは、評価損の計上はできません（Q78参照）。

一方、保有する含み損を抱えている会員権を売却すれば、売却損が生じます。その売却損は対外的に実現した損失ですから、当然損金の額に算入することができます。

(2) そこで、いったん会員権を売却し、その後同じ会員権を購入すれば、売却損が生じます。たとえば、帳簿価額3,000万円の会員権を時価1,000

万円で売却し、その後時価1,000万円で購入すれば、次のような処理に
なります。

現金預金	1,000万円	／	ゴルフ会員権	3,000万円
売却損	2,000万円			
ゴルフ会員権	1,000万円	／	現金預金	1,000万円

(3)　このような取引は、「ゴルフ会員権の買戻取引」と呼ばれており、有
価証券のクロス取引と同様のものといえましょう。

　　ゴルフ会員権の買戻取引であっても、真に売却があったとみられれば、
その売却損は損金算入ができます。たとえば、ゴルフ会員権の売却と再
購入に合理的な理由があり、ゴルフ場会社を通じた名義書換えの手続が
とられ、ゴルフ会員権の売却から購入までの期間が相当程度開いている
ような場合には、真に売却があったといえるかもしれません。

(4)　しかし、いったん売却したゴルフ会員権を買い戻すことに、合理的な
理由を見いだすのも難しいところでしょう。含み損を顕在化させること
が真の目的であるとみられます。

　　そうしますと、ゴルフ会員権の売却と再購入があっても、ゴルフ会員
権の保有関係や利用状況に実質的な変化があるわけではありません。単
にゴルフ会員権の売買業者に手数料の支払があることをもって、売却が
あったというのは理解が得られないでしょう。

(5)　したがって、ゴルフ会員権の買戻取引について、基本的には売却損の
損金算入は認められず、ゴルフ会員権の帳簿価額はそのままにしておく
べきだと考えられます。所得税の事案ですが、ゴルフ会員権の買戻取引
による譲渡損失と給与所得との通算は、租税回避行為であるとされた事
例があります（審判所裁決　平成11.2.8　裁決事例集No.57　152頁、
平成13.5.30　裁決事例集No.61　175頁、平成13.6.15　裁決事例集

No.61　47頁）。

(6)　その審査請求事例の中には、納税者が、株式のクロス取引による売買損の計上は税務上も認められており（審判所裁決　平成2.4.19　裁決事例集No.39　106頁、Q68参照）、ゴルフ会員権の買戻取引もクロス取引と同様のものではないか、と主張した事例があります（審判所裁決　平成11.2.8　裁決事例集No.57　152頁）。

これに対し、国税不服審判所は、ゴルフ会員権の買戻取引は証券取引所といった公開された市場を通じて行われたものではないこと、ゴルフ会員権は証券取引所に上場されているような有価証券ではないこと、受渡しされたゴルフ会員権証書は同一のものであり、そのことは当初より定められていたことから、クロス取引と異なっている、と裁決しています。

なお、有価証券のクロス取引にあっても、有価証券の売却はなかったものとして取り扱われます（法基通2−1−23の4、Q68参照）。

(注)　現在では、ゴルフ会員権の譲渡損失と給与所得や事業所得との通算はできません。

《参考裁決例》

○　請求人は、本件取引は金銭の授受を含め法律的に瑕疵なく行われたこと及び節税を目的としたもので合法的であるから、原処分庁が本件各取引を否認することは違法であり、また、有価証券市場における翌日買戻取引はクロス取引と同様のものであり、翌日買戻取引が税務上認められるのであるから、ゴルフ会員権の譲渡においてもこれが認められるべきである旨主張する。

しかしながら、請求人は本件売却計算書の発行を受けるために、一方、

四　有価証券の評価損

　仲介業者は請求人から手数料収入を得るために、本件一連の取引を行った
とみるほかなく、本件取引については請求人には確定的に本件各会員権を
仲介業者に移転するという、また、仲介業者には本件各会員権を取得し、
その代金を支払うという意思表示があったと認めることはできず、本件各
会員権の売買という形式を作り出すための取引であったと認めるのが相当
であるから、本件一連の取引は実体の伴わないものであり、真に売買があ
ったと認めることができないので、本件取引は所得税法第33条に規定する
資産の譲渡があったことにはならない。また請求人の主張は、本件各取引
がクロス取引と同様のものであるとの前提に立ったものと解されるが、①
本件各取引は証券取引所といった公開された市場を通じて行われたもので
はないこと、②本件各会員権は証券取引所に上場されているような有価証
券ではないこと及び③本件各取引で受渡しされたとする本件各会員権のゴ
ルフ会員権証書は同一のものであり、そのことは取引当事者間で取引当初
より定められていたことの点において、本件各取引はクロス取引と異なっ
ており、請求人の主張はその前提を欠くものである（審判所裁決　平成
11.2.8　裁決事例集No.57　152頁）。

○　請求人は、本件ゴルフ会員権の相場が購入価額の半額となり、更に下が
ると考えられたこと等からそれを売却し、その後の事情から同会員権を再
取得したものであるから、本件譲渡により譲渡損失が生じている旨主張す
る。

　しかしながら、会員証及びネームプレートの交付がされていないこと、
請求人が売却から再取得の間にメンバーとして２回にわたりプレーしてい
ること、年会費の清算がされていないこと等の事実からすると、本件売却
及び再取得は、所得税の軽減を目的としてされた、実態のない仮装のもの
であるから、本件譲渡によって損失が発生したものと認めることはできな

234

い。

　また、請求人による本件ゴルフ会員権の売却から再取得に至る一連の行為は、所得税の軽減を目的として、本件買取計算書及び本件売却計算書により売買取引の外形を仮装したものであり、そして請求人は仮装した本件買取計算書に基づき、本件ゴルフ会員権の譲渡によって損失が生じたとして、他の各種所得の金額と損益通算した確定申告書を提出したものであるから、本件重加算税賦課決定処分は適法である（審判所裁決　平成13.5.30　裁決事例集No.61　175頁）。

○　請求人は、会員権業者を介在させたゴルフ会員権を請求人の知人へ譲渡した本件取引において、請求人が知人の購入代金を立て替えるとともに担保として会員権を預かっていたとしても、何ら不自然なことはなく通常の取引であるから、仮装取引の認定は誤っている旨主張する。

　しかしながら、［1］本件一連の取引後も、本件会員権は、その名義も保管形態もその取引前と変わらず請求人名義のまま同人によって保管され、請求人が本件ゴルフ場でメンバーとしてプレーし、年会費の支払いも請求人が負担していたことから、譲渡の実体を認めることができないこと、［2］取引の相手方である知人は、当該取引を実体のないものと認識していること、［3］請求人が立替金と称して支出した現金は、売却代金として請求人に還流したものであって、本件の一連の取引は経済的合理性に反するものであることから、本件会員権の譲渡に係る一連の行為は、譲渡損失を作り出して所得税の還付を受けるためになされた仮装行為と認めるのが相当である（審判所裁決　平成13.6.15　裁決事例集No.61　47頁）。

80 預託金制のゴルフ会員権を買増し含み損を実現させることの当否

> **Q** 預託金制のゴルフ会員権1口を1,000万円で取得し保有していますが、その時価は300万円程度です。そこで、その含み損をいくらかでも実現させるため、新たに同一のゴルフ会員権1口を時価300万円で買い増し、その後、簿価1,000万円の会員権を300万円で売却することを予定しています。
>
> この場合、このゴルフ会員権の譲渡原価は新旧会員権の平均取得価額の650万円（1,000万円＋300万円／2口）として、譲渡損350万円（300万円－650万円）を損金算入することができるでしょうか。

A ご質問の取引は、その実質はクロス取引ないし買戻取引類似の取引であると認められ、新たにゴルフ会員権を買い増した直後に、旧来の会員権を売却するような場合、その取引に経済的、合理的な理由がなく、単に含み損を実現させるものであるときは、取得・売却はなかったものと認定される可能性があるものと考えます。

解　説

(1)　税務上、同一の有価証券が売却の直後に購入された場合において、その売却先から買戻しまたは証券業者等を通じて再購入する同時の契約があるときは、その売却はなかったものとされます（法基通2－1－23の4）。

有価証券の売却はなかったものとされる結果、その売却損の損金算入は認められません。これはクロス取引の取扱いであり、企業会計でも同

様の考え方になっています（Q68参照）。

⑵　また、ゴルフ会員権の含み損を顕在化させるための買戻取引というのがみられます。すなわち、含み損を抱えているゴルフ会員権をいったん時価で売却して売却損を出し、その後同じゴルフ会員権を時価により購入するものです。

　　このゴルフ会員権の買戻取引は、多くの事例で租税回避行為であり、その譲渡はなかったものと認定され否認されています（Q79参照）。

⑶　ご質問の場合は、対象が預託金制のゴルフ会員権で有価証券ではなく、また、ゴルフ会員権を買い増した後、旧来のゴルフ会員権を売却するということですから、そもそもクロス取引ないし買戻取引に該当するのかどうか、という問題はありましょう。

　　しかし、ゴルフ会員権の売却と購入の順序が逆だとしても、その実質はクロス取引ないし買戻取引類似の取引である、と認められます。したがって、新たにゴルフ会員権を買い増した直後に、旧来の会員権を売却するような場合、その取引に経済的、合理的な理由がなく、単に含み損を実現させるものであるときは、取得・売却はなかったものと認定される可能性があるものと考えます。

⑷　ただ、ご質問の場合は、名義書換えの手続をした新たな会員権の購入と旧来の会員権の売却は名目ではなく、真の取引であると認められます。その後の会員権の利用状況などから２口の会員権は不要であるとして、旧来の会員権を売却するというような事情があれば、真に売却はあったものとして、その売却損は損金算入が認められるものと考えます。

　　その場合、譲渡原価は新旧２口の取得価額の平均額ではなく、旧来の会員権の取得価額1,000万円でよいものと考えます。同一のゴルフ会員権を取得時期、取得価額を異にして複数保有しているような場合、ゴル

フ会員権の性格からみて、その譲渡原価は１口ごと個別に計算するのが
合理的である、といえましょう。

五　固定資産の評価損

~~~~~~~~~~~~~~~~~~~~ ＜関係法令・通達等＞ ~~~~~~~~~~~~~~~~~~~~

1　法人の有する固定資産について、原則として評価損の計上はできない
　が（法法33①）、①物損等の事実（次に掲げる事実が生じたことにより
　その資産の時価が帳簿価額を下回ることとなったこと）又は②法的整理
　の事実（更生手続の評定が行われることに準ずる特別の事実）が生じた
　場合には、評価損の計上ができる（法法33②、法令68①三）。

　⑴　災害により著しく損傷したこと。

　⑵　1年以上にわたり遊休状態にあること。

　⑶　その本来の用途に使用できないため他の用途に使用されたこと。

　⑷　所在する場所の状況が著しく変化したこと。

　⑸　⑴から⑷までに準ずる特別の事実

2　上記1⑸の「準ずる特別の事実」には、例えば、法人の有する固定資
　産がやむを得ない事情によりその取得の時から1年以上事業の用に供さ
　れないため、その固定資産の価額が低下したと認められることが含まれ
　る（法基通9－1－16）。

3　固定資産の価額の低下が次のような事実に基づく場合には、評価損の
　計上はできない（法基通9－1－17）。

　⑴　過度の使用又は修理の不十分によりその固定資産が著しく損耗して
　　いること。

　⑵　その固定資産について償却を行わなかったため償却不足額が生じて
　　いること。

　⑶　その固定資産の取得価額がその取得の時における事情等により同種
　　の資産の価額に比して高いこと。

　⑷　機械装置が製造方法の急速な進歩等により旧式化していること。

4 　土地の賃貸に際して権利金を収受するとともに長期間使用させること
　としたため、その賃貸後の時価が帳簿価額に満たなくなった場合には、
　その土地の時価が2分の1以上下落した場合の土地の帳簿価額の一部損
　金算入（法令138①）の適用がないときであっても、評価損の計上をす
　ることができる（法基通9－1－18）。

5 　減価償却資産に評価損を計上する場合の時価は、その資産の再取得価
　額を基礎として、その取得時から評価損計上時まで旧定率法により償却
　したものとした場合の未償却残額相当額とすることができる（法基通9
　－1－19）。

　　(注)　定率法による未償却残額が旧定率法によるそれよりも適切に時価を反映
　　　する場合には、定率法によってよい。

6 　法人が計上した評価損の金額のうち損金算入されなかった金額は、
　「償却費として損金経理をした金額」に含まれ、この評価損の金額には
　減損損失の金額を含む（法基通7－5－1(5)）。

81 固定資産に対する会計上の減損損失と税務上の評価損の考え方の異同点

> **Q** 固定資産に対する企業会計の減損損失と法人税の評価損との考え方や処理は必ずしも一致していないと思われますが、その異同点は、どのようなところにあるのでしょうか。

A 企業会計の減損損失と法人税の評価損は、時価の下落した固定資産の帳簿価額を切り下げるという方向性は同じですが、企業会計の減損損失は資産の収益性や経営環境の変化、市場価格の下落など、むしろ経済的な観点から認識するのに対し、法人税の評価損は、その資産自体に客観的、物理的な事由が生じた場合に限って計上することができます。

解　説

(1)　固定資産の評価に関して、企業会計も法人税も取得原価主義を基調とし、固定資産の帳簿価額は、その取得価額で記帳するのが原則です。しかし、固定資産の価額が著しく下落し、回復可能性がないような場合、取得価額のまま記帳しておくのは、必ずしも企業の実体を表すことにはなりません。利益調整の道具に使われる可能性もあります。そのような場合には、その時に損失が実現したものとして処理するのが合理的であるといえましょう。

(2)　そこで、固定資産に関して所定の事実が生じ、時価が下落した場合には、企業会計では減損損失、法人税では評価損の計上が認められています。法人が保有する固定資産の時価が帳簿価額より下落した場合に、いわば損失が実現したものとしてその帳簿価額を切り下げるという点では、

両者の方向性は同じです。

(3)　企業会計の減損損失は、①資産が使用されている営業活動から生じる損益またはキャッシュ・フローが、継続してマイナスとなっているか、あるいはマイナスとなる見込みであること、②資産が使用されている範囲または方法について、その資産の回収可能価額を著しく低下させる変化（資産が使用されている事業の廃止・再編、当初の予定より著しく早期の資産の処分、資産の用途変更、資産の遊休状態等）が生じたか、あるいは生ずる見込みであること、③資産が使用されている事業に関連して、経営環境が著しく悪化したか、あるいは悪化する見込みであること、④資産の市場価格が著しく下落したことなどの減損の兆候が生じた場合に認識します（企業会計審議会・平成14.8.9「固定資産の減損に係る会計基準」「固定資産の減損に係る会計基準注解」）。

(4)　これに対し、法人税の評価損は、①固定資産が災害により著しく損傷したこと、②固定資産が1年以上にわたり遊休状態にあること、③固定資産が本来の用途に使用できないため他の用途に使用されたこと、④固定資産の所在する場所の状況が著しく変化したこと、⑤①から④までに準ずる特別の事実が生じた場合に計上することができます（法法33②、法令68①三）。これは「物損等の事実」です。

(5)　このように、企業会計の減損損失は、資産の収益性や経営環境の変化、市場価格の下落など、むしろ経営的、経済的な観点から認識するように思われます。これに対し、法人税の評価損は、その資産自体に客観的、物理的な事由が生じた場合に限って計上することができます。法人税の評価損は、単なる経済環境の悪化などによる市場価格の下落だけでは認められません。

　減損会計は、価格や収益性が著しく低下している固定資産の減損につ

いて適正な会計処理を行うことにより、投資者に的確な情報を提供するとともに、会計基準の国際的調和を図ることに目的があります（減損会計基準二）。

　これに対し、法人税の評価損は、貸倒損失や為替損失などと同様に、実現したとみられる損失を課税所得の計算上、控除しようとするものです。そのため、法人税の評価損の計上は限定的になっているものと考えられます。

(6)　以上のように、企業会計の減損損失と法人税の評価損の考え方や計上事由等には相違があります。そのため、企業会計の減損損失が、法人税の課税所得の計算上は損金算入ができないことも少なくありません。

　その場合、減価償却資産に対する減損損失が評価損として損金算入ができないときは、その減損損失の額は「償却費として損金経理をした金額」に含まれます（法基通7－5－1⑸注）。その損金不算入の減損損失は減価償却をしたものとして取り扱うということです。

　その結果、償却限度額に達するまでの金額は損金算入が認められ、減損損失の全額が即損金不算入になるわけではありません。このような取扱いは、企業会計の減損損失と法人税の評価損の調整を図るもの、といってよいでしょう。

82 新型コロナの影響による飲食店の不採算店舗に対する減損損失の損金算入の可否

Q 新型コロナウイルスの流行による外出自粛や入出国制限、休業要請等に伴い、飲食店では客足が急減し、大幅な赤字の不採算店舗が少なくありません。

このような不採算店舗に対して、監査法人から新型コロナウイルスの終息の可能性は予断を許さず、利益の回復も見込めないので、減損損失を認識すべきではないか、と指摘されています。

その指摘に従い、会計上、減損損失を計上した場合、その減損損失は税務上損金算入ができるでしょうか。

A 税務上は、会計上のような、その固定資産の収益性の悪化や市場価格の下落など、経営的、経済的な理由だけでは評価損の計上はできず、その固定資産自体につき物理的、客観的な事情が生じ、そのことにより時価が低下しなければ評価損の計上はできませんから、大幅な赤字の不採算店舗である、というだけでは減損損失（評価損）の損金算入は難しいものと考えます。

解 説

(1) ご質問のように、新型コロナウイルスの影響による外出自粛や入出国制限等で客足が遠のき、売上げが激減したため赤字になっている飲食店や衣料品店等の不採算店舗は少なくないものと思われます。

会計上、①固定資産が使用されている営業活動から生ずる損益またはキャッシュ・フローが継続してマイナスであることや、②資産が異なる

用途への転用や遊休状態になったこと、③事業の経営環境が著しく悪化したこと、④資産の市場価格が著しく下落したことなどの減損の兆候が生じた場合において、その資産から得られる割引前将来キャッシュ・フローの総額が帳簿価額を下回るときは、帳簿価額を回収可能価額まで減額し、減損損失を計上しなければなりません（減損会計基準二1、2）。

　このように、会計上では、損益状況や市場動向などの、いわば経営的、経済的な理由によっても、減損損失を認識する必要があります。そのため、ご質問のような、赤字の不採算店舗について、土地を含め、建物や厨房設備、什器備品等の資産に対して減損損失を認識します。それに伴って、将来の税金の回収可能性を判断し、「繰延税金資産」を見積り計上します。

(2)　一方、税務上は、法人の有する固定資産について、次に掲げる事実が生じたことにより、その固定資産の時価が低下した場合に評価損の計上が認められます（法法33②、法令68①三）。

①　災害により著しく損傷したこと。

②　1年以上にわたり遊休状態にあること。

③　本来の用途に使用できないため他の用途に使用されたこと。

④　資産の所在する場所の状況が著しく変化したこと。

⑤　①から④までに準ずる特別の事実

　税務上も、資産が他の用途に転用されたことや遊休状態になったことのように、企業会計と同じような評価損の計上事実がないわけではありません。しかし、会計上のような、収益性の悪化や経営環境の悪化、市場価格の下落など、経営的、経済的な事実だけでは評価損の計上はできません。その固定資産自体に上記①から⑤までのような物理的、客観的な事実が生じ、そのことにより時価が低下する必要があります。

　したがって、税務上は、ご質問のような大幅な赤字の不採算店舗である、というだけでは減損損失（評価損）の損金算入はできないものと考えます。たしかに、未曾有の災禍である新型コロナウイルスの流行に見舞われ、大きな打撃を受けている企業の現状をみますと、評価損の計上が認められてよいではないか、とも思われます。しかし、現行法を前提とする限り、それもなかなか難しい、といわざるを得ません。

　ただし、その不採算店舗が1年以上遊休状態になり、その建物や厨房設備、什器備品等について、錆や汚れ、破損などが生じ、価額が低下すれば、評価損の計上ができる余地があります。

(3)　そこで、会計上認識した減損損失につき税務上損金算入が認められない場合には、その減損損失の額は、減価償却資産に対するものであれば「償却費として損金経理をした金額」に含まれます（法基通7－5－1(5)）。

　そうしますと、減損損失を計上した減価償却資産の償却限度額を再計算する必要があり、その再計算をすれば、計上した減損損失の額のうち償却費として認容される金額が算出されます。たとえば減損損失の額が1,000、その資産の償却率が0.400であるとすれば、400（1,000×0.400）が、会計上計上した償却費のほか別途償却費として認められます。

　その結果、税務上、損金算入が認められない減損損失の額1,000がそのまま損金不算入になるわけではなく、最終的には600（1,000－400）だけが損金不算入になります。

　なお、会計上は、減損損失の認識に伴い「繰延税金資産」を計上します。その繰延税金資産とこれに対応する「法人税等調整額」の申告調整（所得金額から減算）を行う必要があることに留意が必要です。

83 新型コロナの影響により時価が下落した土地等の減損損失の損金算入の可否

Q 新型コロナウイルスの影響による外出自粛や入出国制限により、特に観光地の商店街では内外の観光客が激減し、長期休業や廃業を余儀なくされている店舗が少なくありません。

このような店舗の土地、建物について、売りに出しても買い手がつかないような状況で時価が下落したとして、会計上、減損損失を計上しましたが、税務上損金算入が認められるでしょうか。

A 店舗用の土地については、売りに出しても買い手がつかず、時価が下落しただけでは評価損の計上はできませんが、建物については、遊休状態にあれば腐食や汚染、不具合などが生じ、時価が下落することがありますから、評価損の計上の余地はあるものと考えます。

解説

(1)　令和2年7月1日に、国税庁から令和2年度の相続税課税上の路線価が公表されました。この路線価は前年の路線価を大体上回っており、下回ったところは1都市だけです。しかし、これは新型コロナ禍の影響を加味していません。現実には、新型コロナ禍により土地の価額は下落している所も少なくなく、国税庁は減額調整することも検討する、といわれていましたが、結局、その減額調整は見送られました。

会計上、事業の経営環境が著しく悪化したことや固定資産が遊休状態になったこと、資産の市場価格が著しく下落したことにより、収益性が低下しキャッシュ・フローがマイナスになるような場合には、減損損失

を認識します（減損会計基準二1、2）。

⑵　これに対し、税務上も、「固定資産が1年以上にわたり遊休状態にあること。」というのが評価損が認められる事実の一つとなっています（法令68①三ロ）。しかし、税務上の評価損の計上は、1年以上にわたり遊休状態にあることと時価の下落との間に直接的な因果関係があることが必要です。そのため、固定資産のうち土地は遊休状態にあることにより時価が下落するわけではありませんから、遊休状態にあるというだけでは評価損の計上はできません（審判所裁決　平成15.1.28　裁決事例集No.65　401頁、Q88）。また、税務上は、経営環境の悪化や市場価格が著しく下落しても、そのことだけでは評価損の計上は認められません。

　したがって、店舗用の土地については、売りに出しても買い手がつかず、時価が下落しただけでは評価損の計上はできないものと考えます。

　一方、減価償却資産である店舗用の建物や構築物、器具備品等は、遊休状態にあれば腐食や汚染、不具合などが生じ、時価が下落することが考えられますから、評価損の計上の余地はあります。ただし、店舗用のこれらの資産であっても、経営環境の悪化や市場価格が著しく下落しただけでは、評価損の計上はできません。

84 減損会計を適用するための土地の測量費などの処理方法

> **Q** 企業会計では、資産から生じるキャッシュ・フローがマイナスである場合や資産の回収可能価額を著しく低下させる変化が生じた場合などには、減損損失を認識する減損会計を適用しなければなりません。
>
> 　その減損会計の適用に当たり、土地の測量費や登記費用、鑑定料を支出した場合、これらの費用は土地の取得価額に算入すべきでしょうか。

A ご質問の費用は、土地を取得するためや、事業の用に供するための費用とはいえませんから、土地の取得価額に算入することなく、損金算入してよいものと考えます。

解　説

(1)　会計上、資産が使用されている営業活動から生じる損益またはキャッシュ・フローが、継続してマイナスとなっていること、資産の回収可能価額を著しく低下させる変化などが生じた場合には、減損会計を適用し、時価と帳簿価額との差額を減損損失として認識します（Q81参照）。

　　その減損会計の適用に当たっては、対象資産の特定や時価を確定させる必要があります。そのため、ご質問のような費用を要することがあるかもしれません。

(2)　しかし、ご質問のような費用は、そもそも土地の境界を確定させることや減損会計を適用することを目的とする費用にすぎません。土地を取

得するためや、事業の用に供するための費用とはいえません。

　したがって、ご質問の費用は、土地の取得価額に算入することなく、損金算入してよいものと考えます。

85 無形固定資産や生物を評価損の計上対象にすることの可否

> **Q** 特許権、商標権、営業権などの無形固定資産や牛、馬、豚、かんきつ樹、りんご樹、ぶどう樹などの生物についても、評価損の計上が認められるのでしょうか。

A ご質問のような、無形固定資産や生物についても、評価損の計上対象にすることができますが、実際問題として評価損の可否を論ずるのは、なかなか難しいと思われます。

解説

(1)　固定資産については、「物損等の事実」すなわち次に掲げる事実が生じたことにより、時価が帳簿価額を下回るようになった場合に評価損の計上が認められます（法令68①三）。

①　災害により著しく損傷したこと。

②　1年以上にわたり遊休状態にあること。

③　本来の用途に使用することができないため他の用途に使用されたこと。

④　資産の所在する場所の状況が著しく変化したこと。

⑤　①から④までに準ずる特別の事実

(2)　一方、「固定資産」とは、棚卸資産、有価証券、暗号資産および繰延資産以外の資産のうち、①土地（土地の上に存する権利を含む）、②減価償却資産、③電話加入権および④これらの資産に準ずるものをいいます（法法2二十二、法令12）。

　　この②減価償却資産には、ご質問にあります特許権、商標権、営業権

252

などの無形固定資産や、牛、馬、豚、かんきつ樹、りんご樹、ぶどう樹などの生物が含まれます（法法2二十三、法令13）。したがって、ご質問の資産はいずれも固定資産として、評価損の計上対象にすることができます。

　特に、最近では企業の価値評価が重要となっており、その評価に当たって、ブランド力などの無形固定資産が注目されています。

(3)　ただ、実際問題として無形固定資産や生物について、価値評価や評価損の可否を論ずるのは、なかなか難しいと思われます。たとえば、無形固定資産である特許権について、特許の有効期限切れが近くなったとか、画期的な新発明があり、その特許は陳腐化したとかいった事情が生じた場合には、その特許権の価値は下落するでしょう。

　しかし、特許の有効期限切れが近づいたことは時の経過によるものですから、評価損ではなく、減価償却で対処すべき問題といえます。また、画期的な新発明による特許権の陳腐化は、技術の進歩による機械装置の陳腐化と同様のものとみられます。このように、単に時間の経過があったことや固定資産に陳腐化があったことは、上記(1)に掲げる事由のいずれにも該当せず、評価損の計上はできないと考えられます（法基通9－1－17(4)参照）。

(4)　また、生物についても、理論的には、いわば年老いた動物や植物の価値は低いというようなことがあるかもしれません。しかし、それは時間の経過や使用による価値の減少であって、生物に限らず、建物や機械装置などにあっても同様の事情は生じます。

　単に時間の経過によって価値が減少するのは、減価償却で対処すべき問題ですから、評価損の計上事由にはなりません。

　ただ、例があるのかどうか分かりませんが、理論的には動物にあって

は、たとえば病気や怪我をした動物をその後も使用するというような場合には、評価損の計上の余地があるでしょう。

86 震災等により被災した土地に対する評価損の計上の可否

> **Q** 税務上、土地に対する評価損は、単に遊休状態にあるだけでは計上できないと聞いています。
>
> しかし、東日本大震災や熊本地震、令和2年7月豪雨等により、地盤が隆起し、または陥没し、あるいは満潮時には浸水するようになった土地については、仮に遊休状態にあっても、評価損の計上ができると考えますが、どうでしょうか。

A 地震等による地割れや地盤の隆起、陥没、海水の侵害など、土地自身の持つ物理的、客観的な事情により時価が低下していれば、評価損の計上ができます。

解 説

(1) 会計上、固定資産が使用されている範囲または方法について、その資産の回収可能価額を著しく低下させる変化、たとえば資産が使用されている事業の廃止・再編、当初の予定より著しく早期の資産の処分、資産の用途変更、資産の遊休状態等が生じた場合には、減損損失を認識するかどうかを判断し、その結果に基づき減損損失を認識します（固定資産減損会計基準二1、2、企業会計基準委員会・平成15.10.31「固定資産の減損に係る会計基準の適用指針」）。

(2) 税務上も、固定資産について、①災害により著しく損傷したこと、②1年以上にわたり遊休状態にあること、③資産の所在する場所の状況が著しく変化したことなどの事実が生じた場合には、評価損の計上が認め

255

られています（法令68①三ロ、法基通 9 - 1 - 16、Q81参照）。

　ただし、土地について、単に「1 年以上にわたり遊休状態にあること」を事由とする場合には、土地は 1 年以上遊休状態にあることによって時価が低下するわけではありませんから、評価損の計上はできません（法令68①、審判所裁決　平成15.1.28　裁決事例集No.65　401頁、Q88参照）。

(3)　しかし、土地であっても、地震等による地割れや地盤の隆起、陥没、海水の侵害など、土地自身のもつ物理的、客観的な事情により時価が低下していれば、評価損の計上はできます。土地であっても評価損の計上があり得ることを前提とした取扱いも定められています（法基通 7 - 8 - 2(3)ハ、 9 - 1 - 1 参照）。

　東日本大震災により東北地方や関東地方の地割れや隆起、陥没、海水の侵害が生じた土地や原発事故に伴い、警戒区域等となっている土地について、相続税や贈与税の課税に当たっては、その課税価額を通常の財産評価額（路線価額、倍率価額）に「調整率」を乗じて評価することが認められていました。

　その調整率は、地域によって20％や30％、60％などとされ、結果的にその評価額は20％や30％、60％相当額などとなり、原発事故による警戒区域等内の土地は、課税価額をゼロにすることができます。

(4)　このような事情にある土地については、法人税でも評価損の計上が認められるものと考えます。評価損の計上事由である、災害により著しく損傷したことないし資産の所在する場所の状況が著しく変化したことに該当するといえましょう。

　なお、評価損を計上した土地に対する地盛り費用等（土砂等障害物の除去費用、被災資産の損壊、価値減少の防止費用を除く）は資本的支出

に該当します（法基通 7 － 8 － 2⑶ハ、国税庁通達・平成23.4.1 課法
2 － 3 「東日本大震災に関する諸費用の法人税の取扱いについて」 2 項
参照）。

《参考裁決例》

○　請求人は、本件評価損につき、同土地が法人税法施行令第68条第 3 号ロ
に規定する「 1 年以上にわたり遊休状態であること」に該当し、その価額
も帳簿価額を下ることとなっているから、同法第33条第 2 項の規定により、
本件事業年度の損金の額に算入すべきであると主張する。

　　しかしながら、同項は、「内国法人の有する資産につき災害による著し
い損失その他の政令で定める事実が生じたことにより、当該資産の価額が
その帳簿価額を下ることとなった場合において」と規定しているところ、
本件土地については、 1 年以上にわたり遊休状態であるものの、そのこと
により本件土地の価額が帳簿価額を下ることになったとの事実は認められ
ないため、本件評価損について法人税法第33条第 2 項の規定を適用するこ
とはできない（審判所裁決　平成15.1.28　裁決事例集No.65　401頁）。

87 急傾斜地崩壊危険区域として指定された土地に対する評価損の計上の可否

> **Q** 所有する土地の一帯が崩壊し、県知事から急傾斜地崩壊危険区域として指定され、今後は建物の建築はもとより、他の使用もできない状況になりました。
>
> このような土地について評価損の計上が認められるでしょうか。

A ご質問の土地は、災害により著しく損傷したことまたは所在場所の状況が著しく変化したことに該当し、土地の利用価値がゼロになり、それに伴い市場価格もつかないと認められますので、評価損の計上ができるものと考えます。

解　説

(1)　固定資産について、①災害により著しく損傷したこと、②1年以上遊休状態にあること、③所在場所の状況が著しく変化したことなどの事実が生じたことにより、その資産の価額が帳簿価額を下回るようになった場合には、評価損の計上ができます（法法33②、法令68①三）。

(2)　土地は非減価償却資産で償却が認められないからといって、土地に評価損が全く認められないということではありません。土地であっても評価損の計上は可能であり、そのことを前提とした取扱いも定められています（法基通7－8－2(3)ハ、9－1－1参照）。

　　上記(1)のような事実が生じたことにより時価が帳簿価額を下回るようになれば評価損の計上が認められます（審判所裁決　平成15.1.28　裁決事例集No.65　401頁、Q88参照）。

(3)　この点、分譲マンション建設用地について、その地域が地すべり防止区域に指定されたことおよび300m離れた傾斜地で土砂崩れがあったことは、評価損の計上事由に該当しないとされた事例もないではありません（審判所裁決　平成15.4.24　裁決事例集No.65　387頁）。

　　ただ、この事例では、マンション建設について、都市計画法や地すべり等防止法の許可を受けており、分譲マンションの建設、販売は可能であること、土砂崩れがあった土地は300m離れた傾斜地であること、といった事情があります。

(4)　これに対し、ご質問のような事情は、土地が災害により著しく損傷したことまたは所在場所の状況が著しく変化したことに該当するといえましょう。そのような事情により、土地が利用不可能で利用価値がゼロになり、それに伴い市場価格もつかないと認められますので、評価損の計上はできるものと考えます。

《参考裁決例》

○　請求人は、本件土地の取得前後に本件土地を含む地域が地すべり防止区域に指定されたことにより、許可を受けたものの、その際に付された許可条件を満たすための工事が工法上困難なものであるため分譲マンションを建設することができない土地となったと主張する。しかしながら、分譲マンション建設のために都市計画法許可及び地すべり等防止法許可を受けており、本件土地に分譲マンションを建設し、それを販売することは可能である。したがって、地すべり防止区域の指定を受けたことによって、通常の方法により販売することができなくなったものとは認められない。

　　また、地すべり等防止法許可の際に付された条件は通常許可を受ける際に付される一般的な条件にすぎず、加えて工法上の問題と事業の遂行に多

額の費用を要することは、本件土地が急傾斜の斜面であることから生じる
ものであって、本件土地が地すべり防止区域の指定を受けたことによって
生じたものではない。

　請求人は、平成10年の近隣地区の土砂崩れにより、同様の状況にある本
件土地は極めて危険な土地と判断され、本件土地の価値が著しく低下した
と主張する。しかしながら、平成10年の土砂崩れは本件土地からおよそ
300ｍ離れた場所で発生したもので、それによって本件土地に物質的な欠
陥が生じたものでもなければ、そのことから本件土地が土砂崩れを起こす
可能性が増大したと認めることもできない。

　したがって、請求人の主張は、いずれも法人税法施行令第68条第１項第
３号ホの「準ずる特別の事実」に該当しない（審判所裁決　平成15.4.24
裁決事例集No.65　387頁）。

88 1年以上遊休状態にある工場用地に対する評価損の計上の可否

> **Q** 1年以上遊休状態にあり、その時価が帳簿価額の50%以上低下している工場用地を有していますが、会計上、このような土地については、減損損失を計上しなければならないと思われます。
>
> 税務上も、固定資産については、「1年以上にわたり遊休状態にあること」が評価損の計上事由の一つとされていますから、その工場用地に対して評価損の計上ができると考えますが、どうでしょうか。

A 土地は1年以上遊休状態にあることによって時価が低下するわけではありませんから、単に1年以上にわたり遊休状態にあることだけでは、評価損の計上はできません。

解 説

(1) 会計上、固定資産について、その資産の回収可能価額を著しく低下させる変化、たとえば資産に遊休状態が生じた場合には、減損損失を認識するかどうかを判断しなければなりません。その判断の結果、時価が著しく下落し、回復の見込みがないとすれば、減損損失を認識します（固定資産減損会計基準二1、2、固定資産減損会計基準適用指針）。

(2) たしかに、税務上も、固定資産については、「当該資産が1年以上にわたり遊休状態にあること」が評価損の計上ができる事実の一つとして法定されています（法令68①三ロ、法基通9－1－16参照）。ただし、税務上の評価損は、「当該資産が1年以上にわたり遊休状態にあること」によりその資産の時価が帳簿価額を下回ることとなった場合に認められ

ます（法令68①）。つまり、税務上の評価損は、評価損の計上事由の発生と時価の下落との間に直接的な因果関係がある必要があります（Q1参照）。

⑶　そうしますと、土地は1年以上遊休状態にあることによって時価が低下するわけではありませんから、単に1年以上にわたり遊休状態にあることだけでは、評価損の計上はできません（審判所裁決　平成15.1.28裁決事例集No.65　401頁）。1年以上にわたり遊休状態にあっても、土地自身に瑕疵が生じるわけではなく、需要と供給の関係で市場価格（時価）が下落しているにすぎないからです。1年以上の遊休状態と時価の下落との間には、通常は直接的な因果関係はありません。

⑷　もちろん、土地だからといって、全く評価損の計上ができないわけではありません。土地であっても、地震による地割れや隆起、地盤沈下など、土地自身のもつ物理的、客観的な事情により時価が低下していれば評価損の計上は可能です（法基通7－8－2⑶ハ、9－1－1参照）。平成23年3月の東日本大震災や平成28年4月の熊本地震、令和2年7月豪雨などにより、地盤が隆起や陥没する被害を受けた土地は少なくありません。そのような土地については、評価損の計上が認められましょう（Q86参照）。

⑸　なお、土地以外の、たとえば建物や機械装置については、遊休状態にあれば腐食や錆、汚れの発生などにより価額が下落することがあり得ますから、評価損の計上ができる可能性があります（Q93参照）。

　また、税務上、法人が計上した減価償却資産に対する減損損失が評価損として損金算入できない場合には、その減損損失の額は「償却費として損金経理をした金額」に含まれます（法基通7－5－1⑸（注））。

《参考裁決例》

○　請求人は、本件評価損につき、同土地が法人税法施行令第68条第1項第3号ロに規定する「1年以上にわたり遊休状態であること」に該当し、その価額も帳簿価額を下ることとなっているから、同法第33条第2項の規定により、本件事業年度の損金の額に算入すべきであると主張する。

　しかしながら、同項は、「内国法人の有する資産につき災害による著しい損失その他の政令で定める事実が生じたことにより、当該資産の価額がその帳簿価額を下ることとなった場合において」と規定しているところ、本件土地については、1年以上にわたり遊休状態であるものの、そのことにより本件土地の価額が帳簿価額を下ることになったとの事実は認められないため、本件評価損について法人税法第33条第2項の規定を適用することはできない（審判所裁決　平成15.1.28　裁決事例集No.65　401頁）。

89 保有する土地の汚染が判明した場合の評価損の計上の可否

Q 工場の建て替えに当たり、その敷地の汚染の有無を調査したところ、人の健康に直接被害を生ずるような有害物質による汚染はありませんでしたが、工場で使用する機械油などによる汚染が判明しました。それでも、この汚染の除去には、1,000万円程度の費用を要する見込みです。

　このような土地について、汚染が判明したことをもって、評価損を計上することができるでしょうか。

A ご質問のような土壌汚染は評価損の計上事由に該当すると認められますが、工場の建て替えに当たり、土壌汚染の調査を行ったら、汚染が判明したというだけでは、当期に評価損の計上事由が生じたとはいえませんから、評価損の計上は難しいものと考えます。

解　説

(1)　税務上、法人が有する固定資産につき評価損の計上ができる事実は、①災害により著しく損傷したこと、②1年以上遊休状態にあること、③用途変更をしたこと、④所在場所の状況が著しく変化したことおよび⑤これらの事実に準ずる特別の事実が生じたことです（法令68①三）。

　ご質問のような土壌汚染が生じた事実は、上記「④所在場所の状況が著しく変化したこと」または「⑤これらの事実に準ずる特別の事実」に該当するものと考えます。しかし、だからといって、ご質問の土地に評価損の計上ができるかどうか、その汚染の発生時期が問題です。

(2) その土壌汚染が、たとえば当期における工場の事故により機械油など
が大量に流出し、その敷地を汚染したというのであれば、評価損の計上
ができるものと考えます。評価損の計上ができる事実が当期に発生した
からです。

これに対し、ご質問のように、従来から有する工場の建て替えに当た
り、土壌汚染の調査を行ったら、汚染が判明したというのであれば、評
価損の計上は難しいものと考えます。必ずしも評価損の計上ができる事
実が、当期に発生したとはいえないからです。もちろん、汚染の事実が
当期に発生したことが証明できれば、評価損の計上はできるでしょう。

このように、保有する土地に汚染の事実がある場合であっても、その
事実がいつ生じたかがポイントになることに留意を要します（Ｑ１参照）。

(3) なお、もし工場の建て替えに当たり、1,000万円の費用をかけて土壌
汚染を除去した場合、その除去費用は修繕費として処理してよいか、と
いう問題があります。

その除去費用は、工場を建て替えるための費用であるから、工場建物
の取得価額に算入すべきではないか、という意見があるかもしれません。
しかし、その除去費用は、あくまでも土地自身の原状を回復するための
修繕費ですから、工場建物の取得価額に算入する必要はないものと考え
ます。また、土地の取得価額に算入する必要もありません。

90 借地権を設定した土地の時価が2分の1以上下落しない場合の評価損計上の可否

Q 所有する土地に借地権を設定し権利金を収受した場合において、その借地権を設定した後の土地の時価が2分の1以上下落したときは、その土地の帳簿価額のうち収受した権利金の額に対応する金額は損金算入することができます。

そうしますと、土地の時価が2分の1以上下落しない場合には、帳簿価額の損金算入する方法は全くないのでしょうか。

A 土地の時価が2分の1以上下落しない場合であっても、土地の賃貸に際して賃借人から権利金等を収受するとともに、長期間にわたって使用させることとしたため、賃貸後の土地の時価が帳簿価額に満たなくなったときは、その満たない部分の金額は、その帳簿価額から減額することができます。

解　説

(1)　法人が土地に借地権を設定し、他人に使用させた場合に収受する権利金は、収益に計上しなければなりません。一方、次の算式により計算した金額を、譲渡原価として損金算入をすることができます（法令138）。

$$土地の帳簿価額 \times \frac{借地権の価額}{その土地の時価}$$

これは、借地権の設定は、土地の上土部分の譲渡があったとみられますから、収益に計上した権利金に対応する土地の帳簿価額を譲渡原価として損金算入を認める趣旨のものです。

(2) ただし、この帳簿価額の一部損金算入は、借地権を設定した後の土地の時価が２分の１以上低下しなければ適用されません（法令138）。基本的には収受する権利金の額が、土地の時価の５割相当額以上でなければ、その適用がないことになります。

これは、借地権の設定は法形式はあくまでも土地の賃貸ですから、土地の時価が２分の１以上下落しないような場合には、土地の部分譲渡があったと観念することはできない、という趣旨です。

(3) しかし、土地の時価が２分の１以上下落しない場合であっても、借地権を設定すれば、地主にあっては恒久的に土地の利用が制限され、その土地の時価が下落するのは事実です。そのような場合に、時価の下落部分の帳簿価額の損金算入を全く認めないというのは、実情に合いません。

そこで、土地の賃貸に際して賃借人から権利金等を収受するとともに、長期間にわたって使用させることとしたため、賃貸後の土地の時価が帳簿価額に満たなくなった場合には、その満たない部分の金額は、その帳簿価額から減額することができます（法基通９－１－18）。

(4) 借地権の設定の方法としては、上述したように、①権利金を授受する権利金方式による貸付けが原則です。ただし、この方式のほか、②相当の地代を授受する相当の地代方式による貸付け（法令137）と③土地の返還時に無償で返還する無償返還方式による貸付け（法基通13－１－７）とがあります。

②と③の貸付けの場合には、上土権の譲渡対価とみられる権利金の授受がなく、相当の地代を授受するだけです。上土権の譲渡とはいえず、土地の賃貸借に止まっているとみられます。

したがって、②と③の貸付けの場合には、上記(1)の帳簿価額の一部損金算入はもちろん、評価損の損金算入も認められません。

91 土地再評価差額金を有する土地に対して減損損失を計上した場合の処理

Q 過年度に土地再評価法に基づき事業用土地について時価による再評価を行い、帳簿価額を8,000万円増額しています（増額後簿価1.8億円）。

ところが、最近では逆にその事業用土地の時価が大幅に下落しましたので、会計上、減損損失6,000万円を計上しましたが、税務上はこの減損損失は認められない場合、どのように処理すればよいでしょうか。

A 土地再評価法による再評価であっても、税務上は土地の増額は認められませんし、市場価格が下落しただけでは評価損の計上はできませんから、所要の申告調整を行います。

解　説

(1) 平成10年3月に施行された土地の再評価に関する法律（土地再評価法）では、大会社等所定の会社が、事業用土地について時価による再評価を行った場合には、その土地の帳簿価額を改定することができます。ただし、この再評価は、平成10年3月31日から4年を経過するまでの期間内のいずれか一の決算期においてのみ認められます。現在では再評価をすることはできません。

(2) この事業用土地の再評価を行った場合には、時価による再評価額と帳簿価額との差額（再評価差額金）から再評価に係る繰延税金負債（または繰延税金資産）を控除した金額を「土地再評価差額金」として（土地

再評価法7①)、貸借対照表の「純資産の部」に計上します（会社計算規則76三)。

　ご質問の場合、再評価を行ったときには、次のような会計処理を行っているはずです（日本公認会計士協会・平成17.9.8「土地再評価差額金の会計処理に関するＱ＆Ａ」)。実効税率を40％と仮定しています。

```
土　　　地　8,000万円　／　繰延税金負債　　　3,200万円
　　　　　　　　　　　　　　土地再評価差額金　4,800万円
```

　しかし、税務上はこのような土地の再評価は認められません（法法25参照)。再評価した土地の帳簿価額は、再評価前の金額となりますから、次のような申告調整を行います。

(別表四)　処理なし
(別表五（一))

区　　　分		期首積立金額	当期の減	当期の増	期末積立金額
土　　　地	3			△80,000,000	△80,000,000
繰延税金負債	4			32,000,000	32,000,000
土地再評価差額金	5			48,000,000	48,000,000

(3)　その後、再評価した事業用土地を売却した場合や減損により帳簿価額を減額した場合には、土地再評価差額金の全部または一部は取り崩さなければなりません（土地再評価法8)。

　そこで、会計上、減損損失6,000万円を計上する場合には、次のような会計処理を行います（固定資産減損会計適用指針〔設例10〕参照)。

```
減損損失　　　　　　6,000万円　／　土　　　地　　　　　　6,000万円

土地再評価差額金　3,600万円　／　土地再評価差額金　3,600万円
　　　　　　　　　　　　　　　　　　取崩額

繰延税金負債　　　2,400万円　／　法人税等調整額　　2,400万円
```

(4)　これに対して、税務上は単に土地の市場価額（時価）が下落しただけ
　　では、評価損の計上は認められませんから、次のような申告調整を行い
　　ます。

(別表四)

区　　　分		総　　額	留　　保	社外流出
加算	減損損失の損金不算入額 9	60,000,000	60,000,000	
減算	法人税等調整額 20	24,000,000	24,000,000	

(別表五（一）)

区　　　分		期首積立金額	当期の減	当期の増	期末積立金額
土　　地	3	△80,000,000		60,000,000	△20,000,000
繰延税金負債	4	32,000,000	24,000,000		8,000,000
土地再評価差額金	5	48,000,000	36,000,000		12,000,000

92 近隣の高層ビル建設に伴い日照障害等を受ける建物に対する評価損の計上の可否

Q 当社の所有する賃貸アパートの近隣に高層ビルが建設され、その賃貸アパートに日照障害や電波障害が生じることになり、入居者の退去や新規入居者の減少、家賃の減額などの影響が顕著です。

このような状況になった建物については、評価損の計上ができると思いますが、どうでしょうか。

A 日照障害や電波障害の影響が顕著で、そのことにより近隣建物の取引相場より時価が下落しているとすれば、評価損の計上が認められる余地はあると考えます。

解説

(1) 法人税の固定資産に対する評価損は、①災害により著しく損傷したこと、②1年以上にわたり遊休状態にあること、③本来の用途に使用できないため他の用途に使用されたこと、④所在する場所の状況が著しく変化したこと、⑤①から④までに準ずる特別の事実が生じた場合に計上することができます（法法33②、法令68①三）。

(2) このように、法人税の評価損は、その資産自体に上記(1)のような客観的、物理的な事由が生じた場合に限って計上することができます。単なる経済環境の悪化などによる市場価格の下落だけでは評価損の計上は認められません（Q81参照）。

その限りでは、ご質問のように日照障害や電波障害が生じたことや昨今の経済状況があいまって、近隣建物の取引相場が若干下落しただけで

は、評価損の計上は難しいものと考えられます。

(3)　しかし、ご質問のように、日照障害や電波障害により入居者の退去や新規入居者の減少、家賃の減額などの影響が顕著で、そのことにより近隣建物の取引相場より時価が下落しているとすれば、評価損の計上が認められる余地はあると考えます。固定資産の評価損の計上事由の一つである、「固定資産の所在する場所の状況が著しく変化したこと」による時価の下落があるからです。

　　ただ、実際問題としては、取引相場（時価）の下落が日照障害や電波障害によるものか、経済環境の悪化によるものかの判断は難しいかもしれません。

93 新築後、入居者がいない社員寮に対する評価損の計上の可否

Q 工場を新設することになり、その工場の隣に工員用の社員寮を建設しましたが、工場の建設が近隣住民との交渉で難航し、まだ建設されていませんので、その社員寮は入居者がないまま1年以上経過しています。

この社員寮について、閉めっ放しにしており風通しが悪いことなどもあり、不具合の箇所が生じていますが、評価損の計上を考慮する余地はあるでしょうか。

A 工場の建設が近隣住民との交渉で難航しているため、社員寮の事業供用が遅れていることは、事業の用に供されていない「やむを得ない事情」に該当し、その社員寮の時価が帳簿価額より下回っていれば、評価損の計上ができるものと考えます。

解 説

(1) 固定資産については、1年以上にわたり遊休状態にあることにより、その時価が帳簿価額を下回るようになった場合には評価損の計上が認められます（法令68①三ロ）。

この場合の「1年以上の遊休状態」とは、固定資産がいったん事業の用に供された後、なんらかの事情により1年以上にわたり事業の用に供されていない状態をいいます。新たに固定資産を取得したものの、まだ事業の用に供されていない資産は、そもそも遊休状態とはいいません。

(2) しかし、法人の有する固定資産がやむを得ない事情により、その取得

273

の時から１年以上事業の用に供されないため、その固定資産の価額が低下した場合には、評価損の計上が認められます（法基通９−１−16）。

　形式的にいえば、このような固定資産がそもそも遊休状態にあるといえるのか疑問はありますが、実際にはその価値が下落します。このような固定資産は、事業の用に供されていませんから、減価償却も認められません。このような状況をそのまま放置することは、必ずしも合理的ではないといえましょう。

　そのため、上述した特例が認められています。この適用例として、かつて成田国際空港の開港が遅れたため、長期間事業の用に供されなかった固定資産があります。

(3)　ご質問の、工場の建設が近隣住民との交渉で難航しているため、社員寮の事業供用が遅れていることは、「やむを得ない事情」に該当するとみてよいと思われます。したがって、その社員寮の時価が帳簿価額より下回っていれば、評価損の計上ができるものと考えます。

　ただ、その時価を算定することは難しいと思われますが、専門家の意見などを参考に合理的に策定する必要があります。

94 新製品の発売により陳腐化した機械装置に対する評価損の計上の可否

Q 棚卸資産が著しく陳腐化し時価が下落した場合には、評価損の計上が認められています。

固定資産についても、使用している機械装置がこれに代替する最新鋭の機械装置が発売されたため旧式化したような場合、評価損の計上ができるでしょうか。

A 棚卸資産と異なり、固定資産である機械装置が製造方法の急速な進歩などにより旧式化しても、評価損の計上はできません。

解　説

(1)　棚卸資産については、著しく陳腐化したことにより時価が帳簿価額を下回るようになった場合には、評価損の計上ができます（法令68①一ロ）。

この場合の「著しく陳腐化したこと」とは、資産そのものには物質的な欠陥がないにもかかわらず、経済的な環境の変化に伴ってその価値が著しく減少し、その価額が今後回復しないと認められる状態にあることをいいます。具体的には、型式、性能、品質等が著しく異なる新製品が発売されたことにより、その商品につき今後通常の方法では販売できないことが該当します（法基通9－1－4）。

(2)　このような棚卸資産の陳腐化と同様の状態は、現に固定資産として使用されている機械装置についても生じます。しかし、固定資産については、棚卸資産と異なり、陳腐化が生じたことは評価損の計上ができる事由になっていません（法令68①三）。

　　したがって、機械装置が製造方法の急速な進歩などにより旧式化して
も、評価損の計上はできないと解されます（法基通9－1－17(4)）。

　　固定資産である機械装置は、減価償却の手法により費用化を図ってい
きます（法法31）。その減価償却にあっては、償却額の計算の基礎にな
る耐用年数は、陳腐化や不適応化を勘案して算定されています。そのよ
うな事情から、固定資産である機械装置の陳腐化は、評価損の計上事由
になっていないものと考えられます。

(3)　そのような意味で、固定資産について、陳腐化のほか、次のような事
　　実が生じた場合であっても、評価損の計上は認められません（法基通9
　　－1－17）。

①　過度の使用または修理の不十分などによりその固定資産が著しく損
　　耗していること

②　固定資産について償却を行わなかったため償却不足額が生じている
　　こと

③　固定資産の取得価額がその取得の時の事情などにより同種資産の価
　　額に比して高いこと

　　①の修理不十分や②の償却不足の問題は、法人が適切に対処、処理し
ていれば、回避できたことです。その回避をしなかったことにより資産
価値の低下が生じても、評価損の計上はできません。

　　③も法人が通常よりも値段が高いことを承知で取得したわけですから、
取得価額が通常の価額よりも高いからといって、評価損を計上するのは
不合理でしょう。経済的な要因によっては評価損の計上はできません。

　　これらの事情は、減価償却の問題として対処すべきことになります。

95 フル稼働し早期に廃棄見込みの機械装置に対する評価損の計上の可否

> **Q** 定期的な大口の注文が舞い込んだため、機械装置がフル稼働をしており、その機械装置がやや古いこともあって、損耗が激しく相当早期に廃棄せざるを得ないのではないかと見込まれます。
>
> このような状況にある機械装置について、耐用年数に応じた償却を行うだけでは、廃棄をするときに多額の未償却残額が生じるおそれがありますので、評価損を計上することはできないでしょうか。

> **A** ご質問のような場合は、増加償却や耐用年数の短縮によって対処すべきであって、評価損の計上はできません。

解 説

(1)　固定資産に対する評価損は、①災害により著しく損傷したこと、②1年以上にわたり遊休状態にあること、③他の用途に転用されたこと、④資産の所在場所の状況が著しく変化したことなどの事実が生じたことにより時価が下落した場合に計上することができます（法令68①三）。

　　しかし、固定資産については、陳腐化が生じたことや過度の使用などにより著しく損耗したことによって時価が低下したとしても、評価損の計上は認められません（法基通9－1－17、Q94参照）。したがって、ご質問の機械装置に評価損を計上することはできないと考えます。

(2)　このような問題は、減価償却の問題として解決すべきであるということです。

　　そこで、ご質問のような場合の減価償却における対処策の一つとして、

増加償却を適用することが考えられます。すなわち、法人の有する機械装置（旧定額法・定額法、旧定率法・定率法を採用しているもの）の使用時間が、その法人の営む事業の通常の経済事情における平均的な使用時間を超える場合には、普通償却額のほか、平均的な使用時間を超えて使用することによる損耗の程度に応じた増加償却をすることができます（法令60、法規20、20の2）。

　ご質問のような場合には、まさにこの増加償却を適用すべきでしょう。

(3)　次に、耐用年数の短縮承認を得るということが考えられます。ご質問の機械装置が、たとえば他の同種資産と材質、製作方法が著しく異なること、著しく腐食したこと、通常の修理、手入れをしなかったことにより著しく損耗したこと、他の同種資産の構成と著しく異なることなどにより、使用可能期間が法定耐用年数に比して著しく短いとすれば、耐用年数の短縮承認を得られる余地があります（法令57①、法規16）。

　しかし、フル稼働のため損耗が激しく、早期の廃棄が見込まれるだけでは、耐用年数の短縮承認を得ることは難しいといえましょう（Q96参照）。

　以上のように、本来減価償却の問題として対処すべきような場合には、仮に時価の低下があっても、評価損の計上は認められません。

96 契約により取壊し時期が決まっている資産に対する評価損の計上の可否

> **Q** 地主と定期借地契約（借地期間20年）を結び、その借地上に事務所用建物（耐用年数38年）を建設しましたが、定期借地契約であるため、この建物は20年後には取り壊されます。
>
> この建物について、耐用年数を20年とする耐用年数の短縮が認められるでしょうか。
>
> もし、耐用年数の短縮が認められないとすれば、評価損を計上する余地はないでしょうか。

A ご質問の場合には、耐用年数短縮の承認を得ることも、評価損を計上することも難しいものと考えます。

解説

(1) 法人税の減価償却は法定耐用年数主義をとり、企業は一律に耐用年数省令で定められた耐用年数を適用するのが原則です。しかし、企業が実際に使用する減価償却資産のなかには、その法定耐用年数よりも使用可能期間が短いものがみられます。そのような資産につき法定耐用年数で償却することは、費用配分の観点からみて合理的ではありません。

　そこで、所轄国税局長の承認を受けて、耐用年数を短縮することが認められています（法令57）。

(2) その耐用年数の短縮事由は、①資産が種類・構造を同じくする他の資産と材質、製作方法が著しく異なること、②資産の所在する地盤が隆起し、陥没したこと、③資産が陳腐化したこと、④資産が著しく腐食した

こと、⑤資産が通常の修理、手入れをしなかったことにより著しく損耗したこと、⑥資産が他の同一種類の資産の通常の構成と著しく異なることなどにより、使用可能期間が法定耐用年数に比して著しく短い場合に限定されています（法令57①、法規16）。

(3)　ご質問のような事例で、耐用年数短縮の可否が争われた事例があります。その事例に対し、国税不服審判所は、耐用年数の短縮事由は上記(2)のような事由に限定されているので、当事者間で20年後には建物を取り壊して更地にし、返還する約定があったとしても、その定期借地の契約期間を耐用年数とする、耐用年数の短縮の承認は認められないといっています（審判所裁決　平成7.2.27　裁決事例集No.49　100頁、審判所裁決　平成16.10.22　裁決事例集No.68　125頁、大阪国税局文書回答事例・平成17.2.3「事業用借地権を設定した土地の上に建設する建物の耐用年数について」）。

(4)　現行法の耐用年数の短縮事由は、その資産自体がもつ客観的、物理的な事由に限定されているといえます。単なる法人の内部事情や当事者間の契約関係などにより、その資産の使用可能期間が短いとしても、耐用年数の短縮の承認を受けることは難しいと考えられます。

　　課税当局の立場からすれば、20年後には契約が更新されるかもしれず、当事者間の契約関係により耐用年数の短縮が認められるとすれば、そもそも法定耐用年数が骨抜きになってしまうという危惧もありましょう。

(5)　常識的にみれば、20年後には取壊しが決まっているような建物は、他の同種建物よりも価値は低いと考えるのが当然でしょう。そこで、耐用年数の短縮が認められないとすれば、次に評価損の計上の可否が問題になります。

　　固定資産に対する評価損は、①災害により著しく損傷したこと、②1

年以上にわたり遊休状態にあること、③他の用途に転用されたこと、④資産の所在場所の状況が著しく変化したことなどの事実が生じたことにより時価が下落した場合に計上することができます（法令68①三）。

このような評価損の計上事由をみますと、当事者間の20年後には取り壊すという約定があることは、これらの事由に該当しません。また、耐用年数の短縮が認められないからといって、それは減価償却の問題であって、評価損に影響を及ぼすものではない、といえましょう。

したがって、ご質問の場合には、耐用年数短縮の承認を得ることも、評価損を計上することも難しいものと考えます。

《参考裁決例》

○　請求人は、本件建物は、賃貸借期間が10年に限定され、賃貸借期間終了後取り壊されるものであることから、本件建物の耐用年数は、法定耐用年数の40年ではなく、賃貸借期間に応じた10年になるとして、耐用年数の短縮を承認すべきである旨主張するが、所得税法施行令第130条第1項が耐用年数の短縮を認める特別な事由を列挙しているのは、耐用年数の短縮は、減価償却資産の使用可能期間が法定耐用年数よりも物理的ないし客観的に短くなるという事由が現に発生しているような場合に限って認める趣旨によるものと解するのが相当である。

本件建物についてみると、請求人が耐用年数の短縮を求める理由としている「賃貸借期間（10年）満了に伴う本件建物の取壊し」は、本件建物自体の構造等に変化が生じて物理的、客観的に使用可能期間が短くなったという事由ではなく、取壊しの行われることが将来予定されているという本件契約当事者双方の取決めを理由とするものである。

当審判所の調査によっても、本件建物の構造その他からみて、本件建物

について、所得税法施行令第130条第１項に掲げられている耐用年数の短縮を認めなければならない特別な事由があるとも認められないので、請求人の主張は採用することができない（審判所裁決　平7.2.27　裁決事例集No.49　100頁）。

○　請求人は、自転車駐車場設備に係る支柱付き鉄骨屋根の耐用年数の短縮承認事由として、①駐車場設備を供する事業は公共性が高いこと、②事業契約期間の満了時には当該駐車場設備を無償譲渡又は解体撤去することが将来確実であり、当該賃借期間は法定耐用年数に比して短くなっているから短縮承認されるべきと主張する。

　しかしながら、耐用年数の短縮を規定する法人税法施行令第57条第１項は、減価償却資産の材質や製作方法が著しく異なったり、地盤の隆起沈下や陳腐化する等使用可能期間がその法定耐用年数に比して短いこととなった事由が現に発生している場合を列挙しているところ、当該支柱付き鉄骨屋根については、その設置状況及びそれ自体に使用可能期間が法定耐用年数よりも物理的ないし客観的に短いこととなった事由が現に発生しているとは認められず、また、請求人の短縮申請事由は規定された短縮事由のいずれにも該当しないから、これを却下した原処分は適法である（審判所裁決　平成16.10.22　裁決事例集No.68　125頁）。

97 休止している固定電話の電話加入権に対する評価損の計上の可否

> **Q** 従来、使用していた固定電話は、最近の携帯電話の普及やＩＰ電話への加入などで、休止しているものが少なくありません。
>
> その休止している電話に係る電話加入権について、加入契約を解除しない限り、評価損などの損失は計上できないのでしょうか。

A 昨今、電話加入権の評価額はほとんど名目的な価額になっており、取引もほとんどありませんから、特に休止している電話の電話加入権については、評価損の計上が認められてよいものと考えます。

解 説

(1) 税務上、電話加入権は固定資産ですが、減価償却資産の範囲に含まれていませんから、非減価償却資産となります（法法２二十二、二十三、法令12、13）。そのため、減価償却ができず、その時価が下落したような場合には、評価損の問題として対処します。

電話加入権が減価償却資産に含まれず、減価償却が認められないのは、次のような理由によるものと考えられます。すなわち、古くには電話の加入は限定され、電話加入権の価額は下落しなかったことや売却により購入金額は回収できたこと、電話加入権の減価は規則的、経常的に生じないことによります。

(2) そこで、電話加入権に評価損の計上ができる事由を考えてみます。固定資産について「１年以上にわたり遊休状態にあること」により、その資産の時価が帳簿価額を下回る場合には評価損の計上が認められます

（法令68①三ロ）。

　そうしますと、固定電話が１年以上遊休状態にあれば、その電話加入権について評価損の計上ができるように思われます。しかし、税務上の評価損は、電話加入権に即していえば、１年以上遊休状態にあることにより電話加入権の時価が下落していなければなりません。

　しかし、電話加入権の時価は、電話が遊休状態にあるから下落したわけではありません。ＮＴＴが固定電話の加入を加入権なしとしたこと、それに伴い市場で電話（電話加入権）の売買はなくなったことにより下落したものです。その限りでは、電話が１年以上遊休状態にあることを理由にした評価損の計上は難しいと考えられます（Q88参照）。

(3)　一方、古くには電話加入権について、電話局が増設された場合には、電話の加入が容易になり、その市場価格が下落するところから、評価損の計上が認められていました（国税庁通達　昭和34.8.24　直法１－150「九六２」）。電話局が増設されたからといって、電話の機能や性能などが低下するわけではなく、単に市場価格が下落するだけです。

　それでも、評価損の計上が認められていたのは、外部的な要因により時価が下落する事実が厳然として存在したからでしょう。現行法人税基本通達においても、電話加入権の評価損は電話局の異なるものごとに行う旨が定められています（法基通９－１－１(3)）。電話加入権にも評価損の計上があり得ることを前提とした取扱いです。

　これらの点からみれば、昨今、電話加入権の評価額はほとんど名目的な価額になっており、取引もほとんどありませんから、評価損の計上が認められてよいものと考えます。各国税局ごとに電話加入権の相続税評価額が公表されていますが、大体2,000円です。低いところでは1,500円となっています。

⑷　なお、利用休止している固定電話の電話加入権について、今後再開して使用する見込みがないとすれば、NTTとの間の加入契約を解除することにより、除却損ないし廃棄損として損金算入をすることができます。

　また、電話加入権は利用休止から10年経過すると自動的に加入契約は解除されますが、その場合にも損金算入が認められます。利用休止中の電話加入権については、契約の解除がないかどうか、チェックする必要があります。

98 贋作と判明した絵画に対する評価損の計上と償却開始の可否

> **Q** 高価な価格で購入した絵画を専門業者に鑑定してもらったところ、贋作であり、その価値は二束三文であることが判明しました。
>
> この絵画について評価損の計上ないし装飾用のものとして減価償却を始めてよいでしょうか。

A 評価損を計上することは難しいと考えますが、「器具及び備品」として減価償却をすることができます。

解 説

(1) 税務上、固定資産の評価損については、①災害により著しく損傷したこと、②1年以上にわたり遊休状態にあること、③他の用途に転用されたこと、④資産の所在場所の状況が著しく変化したことなどの事実が生じた場合に計上することができます（法令68①三）。

これは、基本的にその資産自体に物理的、客観的な事実（欠陥等）が生じ時価が低下した場合に認められるということです。単に市場価格の下落などの経済的事情によっては評価損の計上は認められません。裁判例でも、棚卸資産の例ですが、バブル経済の崩壊による絵画相場の下落による評価損の計上はできないとされた事例があります（東京高判　平成8.10.23　判例時報1612号　141頁、Q24参照）。

(2) また、そのような考え方の延長として、固定資産につき取得価額がその取得の時における事情等により同種の資産の価額に比して高いことは、

評価損の計上事由に該当しません（法基通9－1－17(3)）。法人が資産を高額で取得したからといって、それは経済的、経営的な観点などから、承知のうえで取得したものです。その資産の時価と取得価額とが乖離しているといっても、それは評価損の問題ではありません。

　このような点からしますと、ご質問の場合には、評価損を計上することは難しいものと考えます。

(3)　そこで、次に評価損の計上ができないとすれば、減価償却が認められるかどうか問題になります。

　複製のようなもので、単に装飾的目的にのみ使用される絵画は、減価償却資産に該当します（法令13、法基通7－1－1）。したがって、ご質問の絵画が会社内に展示されていれば、減価償却ができるものと考えます。その場合の耐用年数は、耐令別表第一の「器具及び備品」の「1家具、電気機器、ガス機器及び家庭用品」の「室内装飾品」の「その他のもの」として8年とするのが適当でしょう。

(4)　なお、不当に高価で買い入れた固定資産について、その買入価額のうち実質的に相手方に贈与したと認められる金額は、その取得価額を構成しません（法基通7－3－1）。その贈与は、交際費や寄附金として課税処理します。

99 固定資産に対して評価損を計上する場合の期末時価の算定方法

Q 固定資産に評価損を計上する場合には、その時価が基準になりますから、その時価の算定が決定的に重要ですが、その時価について、たとえば相続税評価額によることができるでしょうか。

A 単に相続税評価額でよいとは言い切れませんが、相続税評価額も基準の一つとして、土地にあっては、公示価格や標準価格、近傍類地の取引事例価額など、減価償却資産にあっては、未償却残額や市場価格などとも総合勘案して、時価を算定すべきものと考えます。

解 説

(1) ご質問のとおり、資産に対する評価損の額は、期末時価と帳簿価額との差額ですから、その時価をいかに算定するかが決定的に重要です。この場合の「時価」は、処分可能価額、すなわちその資産が使用収益されるものとして、その時において譲渡されるものとした場合に通常付される価額をいいます（法基通9-1-3）。

(2) 税務上、土地に評価損を計上する例はあまりないと思われますが、土地にあっては、相続税の路線価額や公示価格（地価公示法8）、標準価格（国土計画法施行令9①）、近傍類地の取引事例価額などがありますから、時価の算定は比較的容易であるといえるかもしれません。また、不動産鑑定士に鑑定してもらうという手段もあります。

　しかし、土地に評価損を計上する場合の時価の算定方法について、具体的に定めた取扱いはありません。上記のような土地の各種の価額から

合理的に算定すべきことになります。単に相続税評価額でよいとは言い切れませんが、相続税評価額も一つの基準になる価額であると考えてよいと思われます。

　たとえば、借地権を設定した場合の相当の地代（おおむね6％）を算定する場合の基準となる「土地の更地価額」は、近傍類地の公示価格や標準価格から合理的に算定した価額または相続税評価額によってよいものとされています（法基通13－1－2（注）1）。

⑶　一方、減価償却資産にあっては、土地のような公的な価格は示されませんから、処分可能価額といっても、いくらで売れるのか、その価額の算定には困難を伴います。

　そこで、減価償却資産については、再取得価額を基礎として、その取得の時から旧定率法により償却を行ったものとした場合の未償却残額を時価としてよいことになっています。この場合、定率法による未償却残額の方が時価を適切に反映するとすれば、定率法によることができます（法基通9－1－19）。

⑷　もちろん、これは時価の算定方法の一つの考え方を示したものですから、これよりも合理的に時価の算定ができるとすれば、その時価によって差し支えありません。たとえば、自動車の中古市場のように、業界において広く中古市場があり、メーカーや型式、製造年などによって取引価格が成立しているような場合には、その価額によってよいものと考えます。

　なお、減価償却資産を譲渡し、あるいは評価損を計上する場合、実務ではその帳簿価額を時価とする例が少なくありません。減価償却が規則的、合理的に行われている限り、その帳簿価額を時価とみることも、あながち不合理ではないと思われます。

六　繰延資産の評価損

<関係法令・通達等＞

1　法人の有する繰延資産について、原則として評価損の計上はできない
　　が（法法33①）、税法固有の繰延資産（法令14①六）のうち他の者の有
　　する固定資産を利用するために支出されたものにつき、その固定資産に
　　①物損等の事実（次に掲げる事実が生じたことによりその資産の時価が
　　帳簿価額を下回ることとなったこと）又は②法的整理の事実（更生手続
　　の評定が行われることに準ずる特別の事実）が生じた場合には、評価損
　　の計上ができる（法法33②、法令68①四）。

　(1)　災害により著しく損傷したこと。

　(2)　1年以上にわたり遊休状態にあること。

　(3)　その本来の用途に使用できないため他の用途に使用されたこと。

　(4)　資産の所在する場所の状況が著しく変化したこと。

　(5)　(1)から(4)までに準ずる特別の事実

2　繰延資産の支出の対象となった固定資産又は契約について滅失又は解
　　約等があった場合には、その滅失又は解約等があった事業年度において、
　　その繰延資産の未償却残額は損金算入ができる（法基通8－3－6）。

100 借家権利金を繰延資産に計上している建物が損壊した場合の評価損計上の可否

Q 店舗の賃借に当たり家主に支払った権利金を繰延資産として計上し、賃借期間で償却を行っていますが、災害によりその店舗が半壊したような場合、その繰延資産について評価損を計上することができますか。

いわば費用の固まりともいえる、繰延資産に評価損を計上するようなことができるのでしょうか。

A 他の者の有する固定資産を利用するための繰延資産については、時価が下落することがあり得ますから、評価損の計上が認められます。

解 説

(1) 税務上、繰延資産とは、概念的には法人が支出する費用のうち、支出の効果がその支出の日以後1年以上に及ぶものをいいます（法法2二十四）。具体的には、①創立費、②開業費、③開発費、④株式交付費、⑤社債等発行費および⑥次に掲げる費用で支出の効果がその支出の日以後1年以上に及ぶものです（法令14①）。

イ 自己が便益を受ける公共施設または共同的施設の設置または改良のために支出する費用

ロ 資産を賃借し、または使用するために支出する権利金その他の費用

ハ 役務の提供を受けるために支出する権利金その他の費用

ニ 製品等の広告宣伝用資産を贈与したことにより生ずる費用

ホ その他自己が便益を受けるために支出する費用

(2) 上記(1)の①から⑤までの費用は、まさに費用の固まりであり、期間損益を適正に計算するため経過的に繰延資産になっているものです。そもそも価値の減少といったことを論ずるにはなじみませんから、評価損の計上は認められません。また、これら繰延資産はいわゆる自由償却（いつ、いかなる金額を償却するかは法人の任意とするもの）が認められていますから（法令64①一）、評価損の計上の可否を問題にする必要はないといえましょう。

(3) これに対して、(1)の⑥のイからホまでの費用は、必ずしも費用の固まりであるとだけは言い切れません。ご質問の借家権利金などは、現に建物を使用することのできる権利の対価であるともいえ、借家権として取引の対象になる場合もあります。そのため、企業会計では⑥のイからホまでの費用は、その性質や内容に応じて、長期前払費用や無形固定資産として処理すべきである、と考えられています。

(4) そこで、(1)の⑥のイからホまでの費用のうち、他の者の有する固定資産を利用するために支出されたものについては、評価損の計上が認められています。その評価損の計上が認められる事実は、固定資産につき評価損の計上ができる事実、すなわち次に掲げる事実をいいます（法令68①四）。

① 災害により著しく損傷したこと。

② １年以上にわたり遊休状態にあること。

③ 他の用途に転用されたこと。

④ 資産の所在場所の状況が著しく変化したこと。

⑤ これらに準ずる特別の事実

したがって、ご質問のように、災害によりその店舗が半壊しても、なお使用を続けるというのであれば、繰延資産にしている権利金につき評

価損を計上することができます。

⑸　なお、繰延資産とされた費用の支出対象となった固定資産または契約について減失または解約などがあった場合には、その減失または解約などがあった事業年度において、その未償却残額を損金の額に算入することができます（法基通8－3－6）。

　このような場合は、もはや評価損の問題ではなく、いわば繰延資産の除却や廃棄であるということです。ご質問の場合も、店舗が半壊したことにより、賃貸借契約を解除するときは、評価損ではなく、除却損として未償却残額を全額損金算入することができます。

上場有価証券の評価損に関する
Q&A（平成21年４月　国税庁）

上場有価証券の評価損に関するＱ＆Ａ

平成 21 年 4 月
国税庁

　上場有価証券の評価損の損金算入に当たっては、基本的には個別銘柄ごとの状況を踏まえ、その適否を判断することになります。

　このＱ＆Ａは、その適否を判断するに当たって参考になると考えられる事例を取りまとめたものです。

（注）このＱ＆Ａは、平成 21 年 1 月 1 日現在の法令・通達に基づいて作成しています。

◆　株価が 50％相当額を下回る場合における株価の回復可能性の判断基準　◆

［Ｑ１］　当社が長期保有目的で所有する上場株式の時価（株価）は大幅に下落しており、当事業年度末における株価が帳簿価額の 50％相当額を下回る状況にあります。

　　税務上、上場株式の評価損の損金算入が認められるには、一般的に株価が過去２年間にわたり50％程度以上下落した状況になくてはならないというようなことを聞きますが、当社が所有する上場株式はこのような状況に該当しないことから、損金算入することは認められないのでしょうか。

◇◇

［Ａ］

　　上場株式の事業年度末における株価が帳簿価額の50％相当額を下回る場合における評価損の損金算入に当たっては、株価の回復可能性についての検証を行う必要がありますが、回復可能性がないことについて法人が用いた合理的な判断基準が示される限りにおいては、その基準が尊重されることとなります。

　　したがって、必ずしも株価が過去２年間にわたり帳簿価額の 50％程度以上下落した状態でなければ損金算入が認められないというものではありません。

◇◇

［解説］

(1)　法人の所有する上場有価証券等（取引所売買有価証券、店頭売買有価証券、取扱有価証券及びその他価格公表有価証券（いずれも企業支配株式に該当するものを除きます。））について、その価額が著しく低下し、帳簿価額を下回ることとなった場合で、法人が評価換えをして損金経理によりその帳簿価額を減額したときは、帳簿価額とその価額との差額までの金額を限度として評価損の損金算入が認められます（法33②、法令 68①二イ）。

298

(2)　この場合の「価額が著しく低下したこと」については、①上場有価証券等の事業年度末
　　の価額がその時の帳簿価額のおおむね50％相当額を下回ることになり、かつ、②近い将来
　　その価額の回復が見込まれないことをいうものとされています（法基通9−1−7）。

(3)　このように、評価損の損金算入が認められるためには、株価の回復可能性に関する検証
　　を行う必要がありますが、どのような状況であれば、「近い将来回復が見込まれない」と言
　　えるかが問題となります。株価の回復可能性の判断のための画一的な基準を設けることは
　　困難ですが、法人の側から、過去の市場価格の推移や市場環境の動向、発行法人の業況等
　　を総合的に勘案した合理的な判断基準が示される限りにおいては、税務上その基準は尊重
　　されることとなります。
　　　有価証券の評価損の損金算入時期としては、これらの合理的な判断がなされる事業年度
　　で損金算入が認められることとなりますので、必ずしも、株価が過去2年間にわたり帳簿
　　価額の50％程度以上下落した状況でなければ損金算入が認められないということではあり
　　ません。

(4)　なお、法人が独自にこの株価の回復可能性に係る合理的な判断を行うことは困難な場合
　　もあると考えられます。このため、発行法人に係る将来動向や株価の見通しについて、専
　　門性を有する客観的な第三者の見解があれば、これを合理的な判断の根拠のひとつとする
　　ことも考えられます。
　　　具体的には、専門性を有する第三者である証券アナリストなどによる個別銘柄別・業種
　　別分析や業界動向に係る見通し、株式発行法人に関する企業情報などを用いて、当該株価
　　が近い将来回復しないことについての根拠が提示されるのであれば、これらに基づく判断
　　は合理的な判断であると認められるものと考えられます。

［関係法令通達］
　法人税法第33条第1項、第2項
　法人税法施行令第68条第1項第2号イ
　法人税基本通達9−1−7

◆　　監査法人のチェックを受けて継続的に使用される形式的な判断基準　　◆

> ［Q２］　当社は、上場株式の事業年度末における時価（株価）が帳簿価額の50％相当額を下
> 回る場合の株価の回復可能性の判断の基準として、過去一定期間における株価動向に関
> する一定の形式基準を策定したいと考えており、税効果会計等の観点から当社の監査を
> 担当する監査法人のチェックを受けながら、この基準を継続的に使用する予定です。こ
> の基準に基づいて損金算入することとした場合、税務上その基準に基づく損金算入の判
> 断は合理的なものと認められますか。

◇◇

［Ａ］

　　監査法人による監査を受ける法人において、上場株式の事業年度末における株価が帳
簿価額の50％相当額を下回る場合の株価の回復可能性の判断の基準として一定の形式基
準を策定し、税効果会計等の観点から自社の監査を担当する監査法人から、その合理性
についてチェックを受けて、これを継続的に使用するのであれば、税務上その基準に基
づく損金算入の判断は合理的なものと認められます。

◇◇

［解説］

(1)　Ｑ１のとおり、所有する上場株式の事業年度末における株価が帳簿価額の50％相当額を
　下回る場合におけるその株式の評価損の損金算入に当たっては、株価の回復可能性につい
　ての検証を行う必要がありますが、お尋ねは、監査法人によるチェックを受け、継続的に
　使用することを前提として、この株価の回復可能性の検証を、過去一定期間における株価
　動向に関する一定の形式基準に基づいて行うことができるかというご質問であると考えま
　す。

　　貴社の策定した株価動向に関する一定の形式基準に基づく判断は、それが、評価損の損
　金算入が与える繰延税金資産への影響といった税効果会計等の観点から、株主や債権者な
　どの利害関係者の保護のために財務情報の信頼性を確保する責務を有する独立の監査法人
　のチェックを受けたものであれば、客観性が確保されていると考えられます。さらに、こ
　の基準が継続的に使用されるのであれば、そのような基準に基づく判断は恣意性が排除さ
　れていると考えられることから、税務上の損金算入の判断としても合理的なものと認めら
　れます。

　（注）

　　１．法人が繰延税金資産を含む財務諸表の監査を受けている場合には、上場株式の評価
　　損の損金算入の基準が繰延税金資産に対して影響を与えるものであることから、その
　　監査の過程で、監査法人によりその合理性についての検討が行われているものと考え
　　られます。このため、財務諸表の監査を経ているものであれば、この損金算入の基準
　　に対するチェックを受けたものと同様に取り扱うことができます。

　　２．ただし、この基準が税務上の観点から明らかに不合理である場合、損金算入の基準
　　として認められないことは言うまでもありません。

⑵　ところで、企業会計上は、「時価のある有価証券」については、時価が取得原価に比べて
50％程度以上下落した場合には、合理的な反証がない限り、取得原価まで回復する見込み
があるとは認められないとして、評価損の計上（減損処理）を行わなければならないこと
とされています（参考：金融商品会計に関する実務指針91項）。

　　この企業会計上の減損処理の基準と、監査法人のチェックを受けて継続的に使用される
形式基準は、その内容を異にすることは想定されるところであり、ある事業年度において
企業会計上の減損処理を行った場合であっても、その評価損は損金算入の対象とはならな
いことがあります。

　　このように、企業会計上の減損処理の基準と継続的に使用される形式基準の内容が異な
ることによって生ずる減損処理と評価損の損金算入の時期の差は、それぞれの基準を定め
ている目的そのものが異なることによるものであり、企業会計上の減損処理を行った事業
年度において、その評価損の損金算入を行わなくてはならないということではありません。

⑶　なお、株価の回復可能性の判断をするための形式基準を新規に策定した場合、または、
現在使用している形式基準を変更した場合、新たな形式基準に基づく判断はその基準を自
社の監査を担当する監査法人によるチェックを受けながら継続的に使用することを前提と
すれば、新規策定又は変更を行った最初の事業年度から合理的なものとして取り扱うこと
ができます。

　　ただし、自社の収益状況に合わせて、この基準の使用を取りやめたり、正当な理由なく
変更したりするような場合は、合理的な判断と認められないことは言うまでもありません。

（参考）　－「自社の監査を担当する監査法人によるチェック」について－

　　ここでいう「自社の監査を担当する監査法人によるチェック」は、税効果会計等の観点
から、株主や債権者など利害関係を有する第三者の保護のために財務情報の信頼性を確保
する責務を有する独立の監査法人や公認会計士が行うその責務に裏付けられた監査の一環
として行われるものを指しています。

　　このため、監査法人等による関与であっても、その関与が自社の経営についてのコンサ
ルタント業務のみを行うものや、会計参与や税理士による関与のように、利害関係を有す
る第三者の保護のために行われる監査には当たらないものは、これに該当しません。

［関係法令通達］
　法人税法第33条第1項、第2項
　法人税法施行令第68条第1項第2号イ
　法人税基本通達9－1－7

◆　株価の回復可能性の判断の時期　◆

[Ｑ３]　当社が長期保有目的で所有する上場株式の時価（株価）は大幅に下落しており、当事業年度末における株価が帳簿価額の 50％相当額を下回る状況にあります。そこで、当社では当事業年度末時点において合理的な判断基準に基づいて株価の回復可能性を判断した上で、その株式の評価損を損金算入することとしました。

　　ところで、翌事業年度で株価が上昇した場合など翌事業年度以降に状況の変化があった場合には、当事業年度に評価損として損金算入した処理を遡って是正する必要がありますか。

◇◇

[Ａ]
　　翌事業年度以降に株価の上昇などの状況の変化があったとしても、そのような事後的な事情は、当事業年度末の株価の回復可能性の判断に影響を及ぼすものではなく、当事業年度に評価損として損金算入した処理を遡って是正する必要はありません。

◇◇◇◇◇◇◇◇◇◇◇◇◇◇◇◇◇◇◇◇◇◇◇◇◇◇◇◇◇◇◇◇◇◇◇◇◇◇◇

[解説]
　　法人税基本通達９－１－７(注)２にもあるとおり、株価の回復可能性の判断は、あくまでも各事業年度末時点において合理的な判断基準に基づいて行うものです。

　　このため、例えば、当事業年度末においては将来的な回復が見込まれないと判断して評価損を計上した場合に、翌事業年度以降に状況の変化（株価の上昇など）があったとしても、そのような事後的な事情は当事業年度末時点における株価の回復可能性の判断に影響を及ぼすものではなく、当事業年度に評価損として損金算入した処理を遡って是正する必要はありません。

[関係法令通達]
　　法人税法第 33 条第１項、第２項
　　法人税法施行令第 68 条第１項第２号イ
　　法人税基本通達９－１－７

◆　株価の回復可能性の判断基準に該当した場合の評価損否認金の取扱い　◆

［Ｑ４］　当社は、前事業年度において、長期保有目的で所有する上場株式の前事業年度末時点での時価（株価）が帳簿価額の50％相当額を下回っていたことから、会計上減損処理を行いました。ただし、税務上の処理については、株価の回復可能性を判断した結果、合理的な判断基準に該当しなかったことから、その会計上減損処理した金額を申告調整により所得金額に加算して申告を行っています。

ところで、この上場株式の株価は、当事業年度末時点でも帳簿価額の50％相当額を下回っていますが、税務上の株価の回復可能性を改めて判断した結果、合理的な判断基準に該当したため、当事業年度において評価損として損金算入できる状況にあると考えています。

このような過去の事業年度における評価損否認金のある上場株式について、その後の事業年度において、損金算入できる合理的な判断基準に該当することとなった場合には、損金算入の処理や損金算入される金額についてどのように取り扱えばよいのでしょうか。

◇◇◇◇◇◇◇◇◇◇◇◇◇◇◇◇◇◇◇◇◇◇◇◇◇◇◇◇◇◇◇◇◇◇◇◇◇◇◇

［Ａ］

評価損否認金の額（過去の事業年度において有税で減損処理した金額をいいます。）のある上場株式について、その後の事業年度で、税務上評価損を計上できる状況になった場合には、評価損否認金の額も含めて、その事業年度の損金の額に算入することが認められます。なお、この場合の具体的な取扱いは、次のとおりとなります。

①　評価損否認金の額については、その事業年度において申告調整により損金の額に算入した金額を、評価損として損金経理したものとして取り扱うこととされています。

②　評価損として損金算入の対象となる金額は、その事業年度末における帳簿価額と株価との差額となります。

（注）税務上、評価損として損金算入される金額は、あくまでも損金経理した金額に限られますので、会計上減損処理していないものは含まれません。

◇◇◇◇◇◇◇◇◇◇◇◇◇◇◇◇◇◇◇◇◇◇◇◇◇◇◇◇◇◇◇◇◇◇◇◇◇◇◇

［解説］

(1)　評価損否認金については、過去の事業年度において評価損として損金経理が行われていること、会計上、一旦損金経理されたものについて改めて評価損を計上させる必要性も認められないこと等の理由から、実際に税務上の合理的な判断基準に該当することとなった事業年度において、申告調整により損金の額に算入した場合には、この処理をもってその事業年度において評価損として損金経理したものとして取り扱うこととされています（法基通９－１－２）。

(2)　この場合の税務上の合理的な判断基準に該当することとなった事業年度における損金算入額は、その事業年度末における株価を基礎として算定することとなりますので、その事業年度末の帳簿価額と株価との差額に達するまでの金額となります。

303

例えば、当事業年度末の株価が、直近の減損処理による会計上の帳簿価額を上回るものの依然として帳簿価額の50%相当額を下回っている場合は、当事業年度末の帳簿価額と株価との差額が損金算入の対象となります。

《具体例1》

帳簿価額	：100	(A)
直近の減損処理後の会計上の帳簿価額	：40	(B)
当事業年度末の株価	：45	(C)
損金算入対象額	：55	(A)-(C)

(3) ただし、税務上、評価損として損金算入される金額は、あくまでも損金経理した金額に限られますので、会計上減損処理をしていない金額については、損金算入することは認められないことになります。

例えば、当事業年度末の株価が、直近の減損処理による会計上の帳簿価額を更に下回るものの、当事業年度において会計上減損処理がされない場合は、帳簿価額と直近の減損処理後の会計上の帳簿価額との差額が損金算入の対象となります。

《具体例2》

帳簿価額	：100	(A)
直近の減損処理後の会計上の帳簿価額	：40	(B)
当事業年度末の株価	：35	(C)
損金算入対象額	：60	(A)-(B)

当期に下落した金額5は、減損処理せず

[関係法令通達]
法人税法第33条第1項、第2項
法人税法施行令第68条第1項第2号イ
法人税基本通達9-1-2、9-1-7

【著 者 紹 介】

成 松 洋 一（なりまつ よういち）

略　　歴　国税庁法人税課課長補佐（審理担当）、菊池税務署長、東京国税局調査第一部国際調査課長、同調査審理課長、名古屋国税不服審判所部長審判官、東京国税局調査第三部長等を経て退官

現　　職　税理士

主要著書　圧縮記帳の法人税務（大蔵財務協会）

　　　　　試験研究費の法人税務（大蔵財務協会）

　　　　　新減価償却の法人税務（大蔵財務協会）

　　　　　消費税の経理処理と税務調整（大蔵財務協会）

　　　　　グループ法人税制の実務事例集（大蔵財務協会）

　　　　　最近の法人税改正の実務事例集（大蔵財務協会）

　　　　　法人税の身近な論点を巡る実務事例集（大蔵財務協会）

　　　　　法人税法―理論と計算―（税務経理協会）

　　　　　法人税セミナー―法人税と理論と実務の論点―（税務経理協会）

　　　　　法人税裁決例の研究―不服審査手続きとその実際―（税務経理協会）

　　　　　不良資産処理の会計と税務（税務経理協会）

　　　　　税務会計の基礎―企業会計と法人税―（共著・税務経理協会）

　　　　　法人税申告書別表四、五（一）のケース・スタディ（税務研究会）

　　　　　Ｑ＆Ａ会社法・会計と法人税の異同点（税務研究会）

　　　　　減価償却資産の取得費・修繕費（共著・税務研究会・第15回日税研究賞奨励賞受賞）

第3版

Q&A 税務上の評価損の実務事例集

令和3年1月8日　初版印刷
令和3年1月18日　初版発行

不　許
複　製

著　者　　成　松　洋　一

(一財)大蔵財務協会　理事長
発行者　　木　村　幸　俊

発行所　　一般財団法人 大 蔵 財 務 協 会
〔郵便番号　130-8585〕
東京都墨田区東駒形1丁目14番1号
(販　売　部)TEL03(3829)4141・FAX03(3829)4001
(出版編集部)TEL03(3829)4142・FAX03(3829)4005
http://www.zaikyo.or.jp

印刷　恵友社